LERM · LAMBIASE

Einsatzrecht kompakt – Sachverhaltsbeurteilung für die weitere Ausbildung

AF867857

Einsatzrecht kompakt – Sachverhaltsbeurteilung für die weitere Ausbildung

Laufbahnprüfung erfolgreich bestehen

Patrick Lerm
Polizeihauptkommissar
Fachlehrer am Bundespolizeiaus- und -fortbildungszentrum Bamberg für Einsatzrecht und Öffentliches Dienstrecht
Lehrbeauftragter der Hochschule für den öffentlichen Dienst in Bayern – Fachbereich Allgemeine Innere Verwaltung

Dominik Lambiase, M. A.
Polizeioberkommissar
Fachlehrer am Bundespolizeiaus- und -fortbildungszentrum Bamberg für Einsatzrecht und Öffentliches Dienstrecht

BOORBERG

Bibliografische Information der Deutschen Nationalbibliothek |
Die Deutsche Nationalbibliothek verzeichnet diese Publikation in der Deutschen Nationalbibliografie; detaillierte bibliografische Daten sind im Internet über www.dnb.de abrufbar.

ISBN 978-3-415-06924-4

© 2021 Richard Boorberg Verlag

Das Werk einschließlich aller seiner Teile ist urheberrechtlich geschützt. Jede Verwertung, die nicht ausdrücklich vom Urheberrechtsgesetz zugelassen ist, bedarf der vorherigen Zustimmung des Verlages. Dies gilt insbesondere für Vervielfältigungen, Bearbeitungen, Übersetzungen, Mikroverfilmungen und die Einspeicherung und Verarbeitung in elektronischen Systemen.

Titelfoto: © Susanne Fritzsche – stock.adobe.com
Satz: abavo GmbH, Nebelhornstraße 8, 86807 Buchloe | Druck und Bindung: Medienhaus Plump GmbH, Rolandsecker Weg 33, 53619 Rheinbreitbach

Richard Boorberg Verlag GmbH & Co KG | Scharrstraße 2 | 70563 Stuttgart
Stuttgart | München | Hannover | Berlin | Weimar | Dresden
www.boorberg.de

Inhaltsverzeichnis

Einführung

Diese „kleine" Hilfestellung bei der Sachverhaltsbeurteilung hat das primäre Ziel, den Polizeimeisteranwärter[1] des mittleren Polizeivollzugsdienstes in der Bundespolizei (BPOL) in die Lage zu versetzen, die *Laufbahnprüfung* im Fach Einsatzrecht am Ende der Ausbildung *mit Erfolg* zu bestehen. Die Fallbearbeitung ist zweifelsohne eine Herausforderung. Zusätzlich zu den bereits aus dem 1. Dienstjahr (Grundausbildung) bekannten Befugnissen[2] und Straftaten kommen im 2. Dienstjahr (Weitere Ausbildung) noch weitere Straftaten aus dem Strafgesetzbuch (StGB), aber auch Straftaten aus den einschlägigen Spezialgesetzen, wie z. B.:

- dem Aufenthaltsgesetz (AufenthG),
- dem Waffengesetz (WaffG) sowie
- dem Versammlungsgesetz (VersG) hinzu.

Wie auch schon in *Lerm/Lambiase, Sachverhaltsbeurteilung leicht gemacht – Zwischenprüfung erfolgreich bestehen* (ebenfalls erschienen im Richard Boorberg Verlag) wurde das Konzept der *Hilfsfragen* auch hier fortgeführt.

Denn: Bei der eigentlichen Subsumtion bestehen die größten Probleme. Deshalb werden – an geeigneter Stelle – Hilfsfragen formuliert, durch die der Auszubildende in die Lage versetzt werden soll, jeden Sachverhalt (selbstständig) durch die Beantwortung jener Fragen möglichst umfangreich beantworten zu können. Das Konstrukt der (gedanklichen) Hilfsfragen ist – soweit ersichtlich – eine Lücke in der bestehenden Literatur zum bundespolizeilichen Einsatzrecht, insbesondere im Bereich der Ausbildung des mittleren Polizeivollzugsdienstes.

---

1 Soweit Personen- und Funktionsbezeichnungen aus Gründen der Lesbarkeit nur in der männlichen Form verwendet werden, gelten sie gleichermaßen auch für Frauen.

2 Präventive Befugnisse des BPolG und repressive Befugnisse aus der StPO.

Die Darstellung erfolgt grundsätzlich durch kurze Sachverhalte, denen sich ein Gesetzesauszug anschließt. Danach werden die einzelnen Voraussetzungen bzw. Tatbestandsmerkmale definiert. Unmittelbar bei den Definitionen sind die o. g. Hilfsfragen angesiedelt. Im jeweils letzten Schritt befindet sich ein bzw. mehrere Formulierungsvorschläge.

Zusätzlich dazu wurden in den Bereichen des Ausländer- und Waffenrechts zusätzliche Erläuterungen, Definitionen und kleine Übungen eingebaut bzw. den Sachverhalten vorgeschaltet, damit das Gesamtverständnis für diese durchaus komplizierten Rechtsgebiete gefördert und die Sachverhaltsbearbeitung erleichtert wird.

Für Fragen, Anregungen und Verbesserungsvorschläge stehen die Autoren jederzeit gerne zur Verfügung.

Bamberg, Oktober 2020

Patrick Lerm

Dominik Lambiase

Verbringe nicht die Zeit mit der Suche nach einem Hindernis. Vielleicht ist keines da.

Franz Kafka

Kapitel 1 – Ausländerrecht

1. Prüfungsschema

Für den Bereich des Ausländerrechts existiert ein eigenes Prüfungsschema für die Beurteilungen von Sachverhalten. Sie werden dieses Schema im Rahmen des Unterrichts im Ausländerrecht kennenlernen. Es unterscheidet sich vom bisher bekannten *Schema für die rechtliche Begründung von Eingriffsmaßnahmen* aus der Grundausbildung. Neben dem folgenden Schema zur Prüfung von ausländerrechtlichen Fragestellungen existiert (weiterhin) auch noch das bereits aus der Grundausbildung bekannte *Schema zur Prüfung von Straftaten*[3]. Dieses findet zum Beispiel Anwendung bei der Prüfung von Straftaten aus dem Aufenthaltsgesetz (§§ 95 ff. AufenthG).

Schema zur Prüfung von ausländerrechtlichen Fragestellungen

1. Herausarbeiten der anzuwendenden Rechtsnormen

1.1 Statusprüfung der Person

1.2 Grenze

1.3 Beabsichtigte Dauer und Zweck des Aufenthalts

1.4 Anzuwendende Rechtsnormen nennen

2. Prüfung der Voraussetzungen der einschlägigen ausländerrechtlichen Normen

3 Tatbestandsmäßigkeit, Rechtswidrigkeit und Schuld.

3. Prüfung der zu treffenden ausländerrechtlichen Befugnis (Eingriff)

3.1 Befugnisnorm

3.2 Ermessensausübung

3.3 Verhältnismäßigkeit

3.4 Sachliche Zuständigkeit für die Befugnis

3.5 Feststellung der Rechtmäßigkeit der Maßnahme

In der Klausur sind folgende Fragestellungen denkbar[4]:

- **Prüfen Sie, ob die Person die Voraussetzungen für die Einreise und den Aufenthalt erfüllt.**

  Hier müssen Sie auf die Punkte 1 [Herausarbeiten der anzuwenden Rechtsnormen] und 2 [Prüfung der Voraussetzungen der einschlägigen ausländerrechtlichen Normen] eingehen.

- **Prüfen Sie die ggf. zu treffende ausländerrechtliche Maßnahme gegen die Person.**

  Hier müssen Sie auf den Punkt 3 [Prüfung der zu treffenden ausländerrechtlichen Befugnis] eingehen.

2. Fälle zum Grenzübertritt

Wichtig für die Fallbearbeitung ist die genaue **Einstufung des Grenzübertritts**. Das bedeutet, die richtige Entscheidung zu treffen, ob es sich um einen Schengen-Binnengrenzübertritt *oder* Schengen-Außengrenzübertritt handelt – und ob es sich demzufolge um die Kontrolle des grenzüberschreitenden Verkehrs handelt. Für das Verständnis ist es unabdingbar zu wissen, welche Staaten zum sog. Schengen-Raum gehören.

4 Nicht abschließende Fragestellungen.

Folgende Staaten sind sog. **Schengen-Vollanwender-Staaten**[5]:

- Belgien
- Dänemark
- Deutschland
- Estland
- Finnland
- Frankreich
- Griechenland
- **Island** (gehört zur Europäischen Freihandelsassoziation[6], European Free Trade Association, abgekürzt **EFTA**)
- Italien
- Lettland
- **Liechtenstein** (gehört ebenfalls zur **EFTA**)
- Litauen
- Luxemburg
- Malta
- Niederlande
- **Norwegen** (gehört ebenfalls zur **EFTA**)
- Österreich
- Polen
- Portugal
- Schweden
- **Schweiz** (gehört ebenfalls zur **EFTA**)

5 Diese wenden den Schengen-Besitzstand vollständig an. Weiterführend dazu: https://www.auswaertiges-amt.de/de/service/visa-und-aufenthalt/schengen/207786#content_1 (zuletzt abgerufen am 3. April 2020).

6 Gegründet am 4. Januar 1960 in Stockholm; Ziel ist die Förderung von Wachstum und Wohlstand; war als Gegengewicht zur EWG geplant.

- Slowakei
- Slowenien
- Spanien
- Tschechien
- Ungarn

Folgende Staaten sind sog. **Schengen-Teilanwender-Staaten**[7], d. h. diese wenden den Schengen-Besitzstand noch nicht vollständig an:

- Bulgarien
- Kroatien
- Rumänien
- Zypern

Merke: Personenkontrollen an den Binnengrenzen finden bei den Schengen-Teilanwenderstaaten immer noch statt.

Im grenzpolizeilichen Aufgabenbereich der BPOL existieren im Grunde **zwei denkbare Kontrollsituation**. Entweder es handelt sich um einen Binnengrenz- oder einen Außengrenzübertritt.

7 Zur Übernahme des gesamten Schengener Besitzstands sind bestimmte Voraussetzungen notwendig. Hierzu zählen die Inbetriebnahme des weiterentwickelten Personen- und Sachfahndungssystems (Schengener Informationssystem der zweiten Generation – SIS II) und der erfolgreiche Abschluss eines Evaluierungsverfahrens, in dem die für die Vollanwendung des Schengen-Besitzstands erforderlichen Voraussetzungen geprüft werden. Erst danach wird die politische Entscheidung über die Schengenvollanwendung und den Wegfall der Binnengrenzkontrollen gefällt (entnommen aus: https://www.auswaertiges-amt.de/de/service/visa-und-aufenthalt/schengen/207786#content_1, zuletzt abgerufen am 3. April 2020).

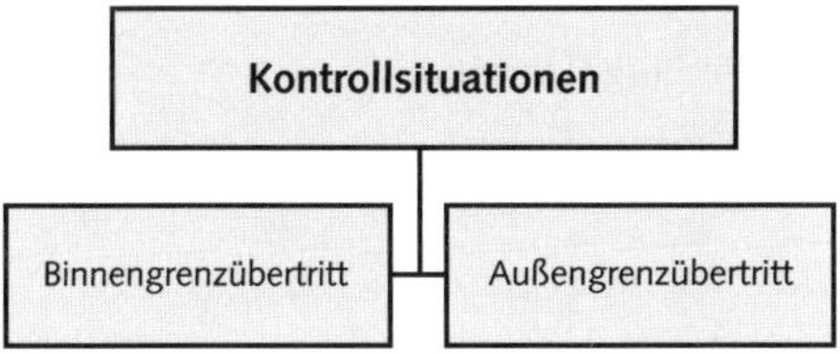

Die Begriffe Binnen- und Außengrenze sind im Schengener Grenzkodex (SGK) legaldefiniert. Sofern im Unterricht noch nicht geschehen, nehmen Sie nun die entsprechenden Markierungen im Gesetz vor. Nachfolgende Tabelle soll Ihnen dabei helfen:

Schengen-Binnengrenze Art. 2 Nr. 1 SGK	**Schengen-Außengrenze Art. 2 Nr. 2 SGK**
1. „Binnengrenzen" a) die **gemeinsamen Landgrenzen** der Mitgliedstaaten, einschließlich der Fluss- und Binnenseegrenzen, b) die **Flughäfen** der Mitgliedstaaten für **Binnenflüge**, c) die See-, Flussschifffahrts- und Binnenseehäfen der Mitgliedstaaten für regelmäßige interne Fährverbindungen; […]	2. „Außengrenzen" Die Landgrenzen der Mitgliedstaaten, einschließlich der Fluss- und Binnenseegrenzen, der Seegrenzen und der Flughäfen sowie der Flussschifffahrts-, See- und Binnenseehäfen, **soweit sie nicht Binnengrenzen** sind;
Beispiel	
Grenzübertritt von Polen nach Deutschland	Grenzübertritt von Saudi-Arabien nach Deutschland (mittels Luftfahrzeug)

2.1 Übungen zum Grenzübertritt

Aufgabe: Bearbeiten Sie zur Übung die nachfolgenden Fälle zum Grenzübertritt gemäß dem Muster-Fall. Setzen Sie das Kreuz an der jeweils richtigen Stelle. Die Lösungen finden Sie nach dem Fall 3.

Muster-Fall:

- Abfahrtort: Lemberg (Ukraine)
- Ankunftsort: Krakau (Polen)

Lösung:

Ukraine:

EU-Staat, ja [ ] oder nein [X] ?

Schengen-Staat, ja [ ] oder nein [X] ?

Polen:

EU-Staat, ja [X] oder nein [ ] ?

Schengen-Staat, ja [X] oder nein [ ] ?

Schengen-Binnengrenze [ ] **oder Schengen-Außengrenze** [X] ?

Polizeiliche Kontrolle des grenzüberschreitenden Verkehrs?
ja [X] oder nein [ ] ?

Fall 1:

- Abfahrtort: Split (Kroatien)
- Ankunftsort: Lubijana (Slowenien)

Kroatien:

EU-Staat, ja [ ] oder nein [ ] ?

Schengen-Staat, ja [ ] oder nein [ ] ?

Slowenien:

EU-Staat, ja [ ] oder nein [ ] ?

Schengen-Staat, ja [ ] oder nein [ ] ?

Schengen-Binnengrenze [ ] **oder Schengen-Außengrenze** [ ] ?

Polizeiliche Kontrolle des grenzüberschreitenden Verkehrs?
ja [ ] oder nein [ ] ?

Fall 2:

- Abflugort: Minsk (Weißrussland)
- Ankunftsort: Madrid (Spanien)

Weißrussland:

EU-Staat, ja [ ] oder nein [ ] ?

Schengen-Staat, ja [ ] oder nein [ ] ?

Spanien:

EU-Staat, ja [ ] oder nein [ ] ?

Schengen-Staat, ja [ ] oder nein [ ] ?

Schengen-Binnengrenze [ ] **oder** **Schengen-Außengrenze** [ ] ?

Polizeiliche Kontrolle des grenzüberschreitenden Verkehrs?
ja [ ] oder nein [ ] ?

Fall 3:

- Abflugort: Oslo (Norwegen)
- Ankunftsort: Paris (Frankreich)

Norwegen:

EU-Staat, ja [ ] oder nein [ ] ?

Schengen-Staat, ja [ ] oder nein [ ] ?

Frankreich:

EU-Staat, ja [ ] oder nein [ ] ?

Schengen-Staat, ja [ ] oder nein [ ] ?

Schengen-Binnengrenze [ ] **oder** **Schengen-Außengrenze** [ ] ?

Polizeiliche Kontrolle des grenzüberschreitenden Verkehrs?
ja [ ] oder nein [ ] ?

2.2 Lösungen

Lösung zu Fall 1:

Kroatien:

EU-Staat, ja [**X**] oder nein [ ] ?

Schengen-Staat, ja [**X**] oder nein [ ] ?

Aber bisher **nur Teilanwender**!

Slowenien:

EU-Staat, ja [**X**] oder nein [ ] ?

Schengen-Staat, ja [**X**] oder nein [ ] ?

Schengen-Binnengrenze [ ] **oder** **Schengen-Außengrenze** [**X**] ?

Polizeiliche Kontrolle des grenzüberschreitenden Verkehrs?
ja [**X**] oder nein [ ] ?

Lösung zu Fall 2:

Weißrussland:

EU-Staat, ja [ ] oder nein [**X**] ?

Schengen-Staat, ja [ ] oder nein [**X**] ?

Spanien:

EU-Staat, ja [**X**] oder nein [ ] ?

Schengen-Staat, ja [**X**] oder nein [ ] ?

Schengen-Binnengrenze [ ] **oder** **Schengen-Außengrenze** [**X**] ?

Polizeiliche Kontrolle des grenzüberschreitenden Verkehrs?
ja [**X**] oder nein [ ] ?

Lösung zu Fall 3:

Norwegen:

EU-Staat, ja [ ] oder nein [**X**] ? → aber EWR-Staat

Schengen-Staat, ja [**X**] oder nein [ ] ?

Frankreich:

EU-Staat, ja [**X**] oder nein [ ] ?

Schengen-Staat, ja [**X**] oder nein [ ] ?

Schengen-Binnengrenze [X] <u>oder</u> Schengen-Außengrenze [ ] ?

Polizeiliche Kontrolle des grenzüberschreitenden Verkehrs?
ja [ ] oder nein [**X**] ?

3. Statusfeststellung

Ein weiterer wichtiger Prüfungspunkt in der Theorie (und ebenso in der Praxis) ist die Statusfeststellung, d. h. **wer steht (in der Kontrolle) vor mir**. Das Ausländerrecht differenziert zwischen verschiedenen Personengruppen, siehe nachfolgende Grafik. Anknüpfungspunkt ist die **jeweilige Staatsangehörigkeit** der Person.

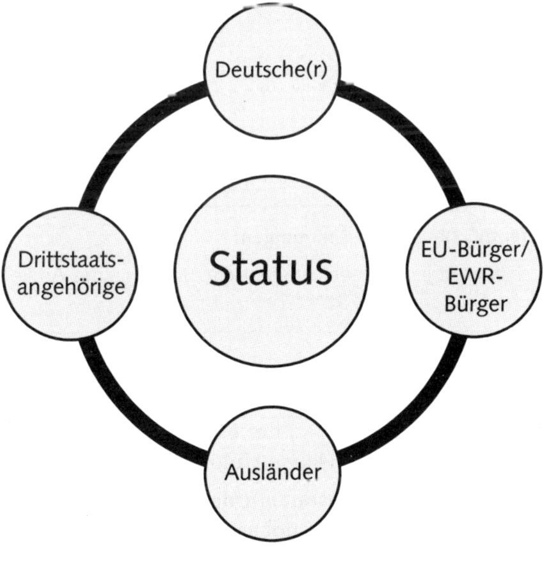

3.1 Deutsche(r)

Definition: Deutscher ist jeder i. S. d. Art. 116 I Grundgesetz (GG).

> **Art. 116 GG**
>
> (1) Deutscher im Sinne dieses Grundgesetzes ist vorbehaltlich anderweitiger gesetzlicher Regelung, wer die deutsche Staatsangehörigkeit besitzt oder als Flüchtling oder Vertriebener deutscher Volkszugehörigkeit oder als dessen Ehegatte oder Abkömmling in dem Gebiete des Deutschen Reiches nach dem Stande vom 31. Dezember 1937 Aufnahme gefunden hat.
>
> (2) Frühere deutsche Staatsangehörige, denen zwischen dem 30. Januar 1933 und dem 8. Mai 1945 die Staatsangehörigkeit aus politischen, rassischen oder religiösen Gründen entzogen worden ist, und ihre Abkömmlinge sind auf Antrag wieder einzubürgern. Sie gelten als nicht ausgebürgert, sofern sie nach dem 8. Mai 1945 ihren Wohnsitz in Deutschland genommen haben und nicht einen entgegengesetzten Willen zum Ausdruck gebracht haben.

3.2 Ausländer

Definition: Ausländer ist jede bzw. jeder, der nicht Deutsche(r) i. S. d. Art. 116 I GG ist (§ 2 I AufenthG).

> **§ 2 AufenthG (Begriffsbestimmungen)**
>
> (1) Ausländer ist jeder, der nicht Deutscher im Sinne des Artikels 116 Abs. 1 des Grundgesetzes ist. [...]

3.3 EU-Bürger

Definition: EU-Bürger ist jeder, der die Staatsangehörigkeit eines Mitgliedstaates der Europäischen Union (EU) besitzt.

Zu beachten ist hier insbesondere das Freizügigkeitsgesetz/EU, welches auf EU-Bürger anwendbar ist. Dies ist ein nationales, deutsches Gesetz. Die nachfolgenden Gesetzesauszüge beinhalten Hervorhebungen durch die Verfasser.

> **§ 2 FreizügG/EU (Recht auf Einreise und Aufenthalt)**
>
> (1) Freizügigkeitsberechtigte Unionsbürger und ihre Familienangehörigen haben das Recht auf Einreise und Aufenthalt nach Maßgabe dieses Gesetzes. [...]
>
> (4) Unionsbürger bedürfen für die Einreise keines Visums und für den Aufenthalt keines Aufenthaltstitels. Familienangehörige, die nicht Unionsbürger sind, bedürfen für die Einreise eines Visums nach den Bestimmungen für Ausländer, für die das Aufenthaltsgesetz gilt. [...]

Das sog. Mitreise- bzw. Nachreiserecht der Familienangehörigen ist in § 3 I FreizügG/EU geregelt [*abgeleitetes Freizügigkeitsrecht*]. In § 3 II FreizügG/EU ist definiert, wer Familienangehöriger ist.

> **§ 3 FreizügG/EU (Familienangehörige)**
>
> (1) Familienangehörige der in § 2 Abs. 2 Nr. 1 bis 5 genannten Unionsbürger haben das Recht nach § 2 Abs. 1, wenn sie den Unionsbürger begleiten oder ihm nachziehen. Für Familienangehörige der in § 2 Abs. 2 Nr. 5 genannten Unionsbürger gilt dies nach Maßgabe des § 4.
>
> (2) Familienangehörige sind
>
> 1. der Ehegatte, der Lebenspartner und die Verwandten in gerader absteigender Linie der in § 2 Abs. 2 Nr. 1 bis 5 und 7 genannten Personen oder ihrer Ehegatten oder Lebenspartner, die noch nicht 21 Jahre alt sind,
> 2. die Verwandten in gerader aufsteigender und in gerader absteigender Linie der in § 2 Abs. 2 Nr. 1 bis 5 und 7 genannten Personen oder ihrer Ehegatten oder Lebenspartner, denen diese Personen oder ihre Ehegatten oder Lebenspartner Unterhalt gewähren.

Zum Begriff der Unionsbürgerschaft – Art. 20 Vertrag über die Arbeitsweise der Europäischen Union:

Art. 20 Vertrag über die Arbeitsweise der Europäischen Union (AEUV)

(1) Es wird eine Unionsbürgerschaft eingeführt. Unionsbürger ist, wer die Staatsangehörigkeit eines Mitgliedstaats besitzt. Die Unionsbürgerschaft tritt zur nationalen Staatsbürgerschaft hinzu, ersetzt sie aber nicht.

(2) Die Unionsbürgerinnen und Unionsbürger haben die in den Verträgen vorgesehenen Rechte und Pflichten. Sie haben unter anderem

a) das Recht, sich im Hoheitsgebiet der Mitgliedstaaten frei zu bewegen und aufzuhalten;

b) in dem Mitgliedstaat, in dem sie ihren Wohnsitz haben, das aktive und passive Wahlrecht bei den Wahlen zum Europäischen Parlament und bei den Kommunalwahlen, wobei für sie dieselben Bedingungen gelten wie für die Angehörigen des betreffenden Mitgliedstaats;

c) im Hoheitsgebiet eines Drittlands, in dem der Mitgliedstaat, dessen Staatsangehörigkeit sie besitzen, nicht vertreten ist, Recht auf Schutz durch die diplomatischen und konsularischen Behörden eines jeden Mitgliedstaats unter denselben Bedingungen wie Staatsangehörige dieses Staates;

d) das Recht, Petitionen an das Europäische Parlament zu richten und sich an den Europäischen Bürgerbeauftragten zu wenden, sowie das Recht, sich in einer der Sprachen der Verträge an die Organe und die beratenden Einrichtungen der Union zu wenden und eine Antwort in derselben Sprache zu erhalten.

Diese Rechte werden unter den Bedingungen und innerhalb der Grenzen ausgeübt, die in den Verträgen und durch die in Anwendung der Verträge erlassenen Maßnahmen festgelegt sind.

3.4 EWR-Bürger

Definition: EWR-Bürger ist jeder, der die Staatsangehörigkeit von Norwegen, Island oder Liechtenstein besitzt.

Gemäß § 12 Freizügigkeitsgesetz/EU – abgekürzt FreizügG/EU – gilt das FreizügG/EU auch für Staatsangehörige der EWR-Staaten und ihre Familienangehörigen.

In diesem Zusammenhang müssen auch die **Schweizer** genannt werden. Diese fallen nicht unter das FreizügG/EU. Dieser Personenkreis hat aber Freizügigkeitsrechte gemäß dem Freizügigkeitsabkommen Schweiz/EU.

Zusammenfassung

EU-Bürger + Familienangehörige (Drittstaatsangehörige)[8]	■ Diese Personengruppen haben gem. Art. 2 Nr. 5 SGK [sog. VO (EU) 2016/399] das Recht auf freien Personenverkehr. ■ u. a. visafreies Reisen in jedes andere EU-Land
EWR-Bürger + Familienangehörige (Drittstaatsangehörige)	
Schweizer + Familienangehörige (Drittstaatsangehörige)	

Art. 2 Nr. 5 SGK

[…]

5. „Personen, die nach Unionsrecht Anspruch auf freien Personenverkehr haben"

a) die Unionsbürger im Sinne des Artikels 20 Absatz 1 AEUV sowie Drittstaatsangehörige, die Familienangehörige eines sein Recht auf freien Personenverkehr ausübenden Unionsbürgers sind, die unter die Richtlinie 2004/38/EG des Europäischen Parlaments und des Rates (1), fallen;

b) Drittstaatsangehörige und ihre Familienangehörigen ungeachtet ihrer Staatsangehörigkeit, die aufgrund von Übereinkommen zwischen der Union und ihren Mitgliedstaaten einerseits und den betreffenden Drittstaaten andererseits ein Recht auf freien Personenverkehr genießen, das dem der Unionsbürger gleichwertig ist;

[…]

8 Sog. Abgeleitetes Freizügigkeitsrecht.

3.5 Drittstaatsangehöriger

Definition: Drittstaatsangehöriger ist jede Person, die weder Unions-/EWR-Bürger noch Staatsangehöriger der Schweiz ist und kein abgeleitetes Freizügigkeitsrecht in Anspruch nehmen kann.

Die Definition findet sich in Art. 2 Nr. 6 SGK.

Merke: Drittstaatsangehörige sind – keine EU-/EWR-Bürger, kein Schweizer, kein Familienangehöriger (mit abgeleiteten Rechten).

4. Fälle an der Binnengrenze

4.1 Fall 1 – Schengenwirksamer Aufenthaltstitel

Sachverhalt:
BPOLI Forst: Sie kontrollieren im 30 km-Bereich der deutsch-polnischen Grenze ein Auto mit italienischem Kennzeichen. Der Fahrer (T) weist sich mit einem algerischen Reisepass aus, der vor fünf Jahren ausgestellt wurde und noch fünf Jahre gültig ist.

Darüber hinaus kann er einen schengenwirksamen italienischen Aufenthaltstitel vorweisen, der noch bis Mitte nächsten Jahres gültig ist.

Er gibt an, dass er aus Polen kommend vor ca. zehn Minuten die Grenze überschritten hat und für drei Tage seinen Bruder in Berlin besuchen will. Nach diesen drei Tagen möchte er wieder zurück nach Italien. Eine fahndungsmäßige Überprüfung verläuft ohne Ergebnis. Er verfügt nach Nachfrage über ausreichende finanzielle Mittel zur Bestreitung seines Lebensunterhalts.

Frage: Prüfen Sie, ob T die Voraussetzungen für die Einreise und den Aufenthalt erfüllt.

Gemäß der Fragestellung müssen Sie auf die Punkte 1 und 2 des Schemas eingehen:

1. Herausarbeiten der anzuwendenden Rechtsnormen

1.1 Statusprüfung der Person

1.2 Grenze

1.3 Beabsichtigte Dauer und Zweck des Aufenthalts

1.4 Anzuwendende Rechtsnormen nennen

2. Prüfung der Voraussetzungen der einschlägigen ausländerrechtlichen Normen

1. Herausarbeiten der anzuwendenden Rechtsnormen

1.1 Statusprüfung

Was müssen Sie hier prüfen [Hilfsfragen]?

Beantworten Sie die Hilfsfragen,

- ob es sich bei der zu kontrollierenden Person um einen Deutschen *oder* Ausländer handelt,
- ob die Person Unionsbürger ist *oder* eine Person, die das abgeleitete Freizügigkeitsrecht in Anspruch nimmt
- ob die Person das Recht auf freien Personenverkehr genießt *oder* doch Drittstaatsangehöriger ist.

Lösungsvorschlag

Es handelt sich um einen *algerischen* Staatsangehörigen. T ist kein Deutscher i. S. d. Art. 116 I GG und somit Ausländer i. S. d. § 2 I AufenthG.

Der T ist weder EU-/EWR-Bürger noch Schweizer und es liegen auch keine Anhaltspunkte dafür vor, dass er Familienangehöriger eines EU-/EWR-Bürgers oder Schweizers ist, der sein Freizügigkeitsrecht in Anspruch nimmt.

Somit hat er *kein* Recht auf freien Personenverkehr gem. Art. 2 Nr. 5 SGK.

Somit ist er Drittstaatsangehöriger gem. Art. 2 Nr. 6 SGK.

1.2 Grenze

Was müssen Sie hier prüfen [Hilfsfragen]?

Der Punkt Grenze enthält zwei Prüfungsschritte.

1. Schritt: Zunächst beantworten Sie die Frage, welche Reisebewegung vorliegt und ob es sich bei dieser um eine Schengen-Binnen- *oder* Schengen-Außengrenze handelt (Art. 2 Nr. 1 und Nr. 2 SGK beachten).

2. Schritt: Danach müssen Sie die Frage beantworten, ob die Einreise bereits vollendet ist oder nicht (§ 13 AufenthG beachten).

Es gilt stets die allgemeine Regel: Arbeiten Sie eng am Sachverhalt!

Exkurs: Wann ist die Einreise vollendet?

Dieser Exkurs hilft Ihnen, die o. g. Frage 2 zu beantworten. Für die Beantwortung der Frage benötigen Sie den § 13 AufenthG (Markierungen im Gesetzesauszug durch die Verfasser).

§ 13 AufenthG (Grenzübertritt)

(1) Die Einreise in das Bundesgebiet und die Ausreise aus dem Bundesgebiet sind nur an den zugelassenen Grenzübergangsstellen und innerhalb der festgesetzten Verkehrsstunden zulässig, soweit nicht auf Grund anderer Rechtsvorschriften oder zwischenstaatlicher Vereinbarungen Ausnahmen zugelassen sind. Ausländer sind verpflichtet, bei der Einreise und der Ausreise einen anerkannten und gültigen Pass oder Passersatz gemäß § 3 Abs. 1 mitzuführen und sich der polizeilichen Kontrolle des grenzüberschreitenden Verkehrs zu unterziehen.

(2) An einer zugelassenen Grenzübergangsstelle ist ein Ausländer erst eingereist, wenn er die Grenze überschritten und die Grenzübergangsstelle passiert hat. Lassen die mit der polizeilichen Kontrolle des grenzüberschreitenden Verkehrs beauftragten Behörden einen Ausländer vor der Entscheidung über die Zurückweisung (§ 15 dieses Gesetzes, §§ 18, 18a des Asylgesetzes) oder während der Vorbereitung, Sicherung oder Durchführung dieser Maßnahme die Grenzübergangsstelle zu einem bestimmten vorübergehenden Zweck passieren, so liegt keine Einreise im Sinne des Satzes 1 vor, solange ihnen eine

Kontrolle des Aufenthalts des Ausländers möglich bleibt. Im Übrigen ist ein Ausländer eingereist, wenn er die Grenze überschritten hat.

An einer zugelassenen Grenzübergangsstelle [§ 13 II S. 1 AufenthG]	**Außerhalb zugelassenen Grenzübergangsstellen [§ 13 II S. 3 AufenthG]**
■ Überschreiten der Grenzlinie **und** ■ Passieren der Grenzübergangsstelle (i. d. R. bestehend aus einer grenzpolizeilichen sowie zollrechtlichen Kontrolle)	■ Überschreiten der Grenzlinie
Schengen-Außengrenze	**Schengen-Binnengrenze**
Beispiel ■ Der Reisende B erscheint am Flughafen Hamburg zur grenzpolizeilichen Einreisekontrolle des Fluges aus New York (USA) → **Schengen-Außengrenze!** ■ Nachdem er die Kontrollposition der BPOL und die des Zolls passiert hat, ist er gem. § 13 II S. 1 AufenthG vollendet eingereist.	*Beispiel* ■ Der Reisende T überschreitet mit dem Auto die Grenze Frankreich-Deutschland → **Schengen-Binnengrenze!** ■ Mit dem Überschreiten der Grenzlinie ist der T gem. § 13 II S. 3 AufenthG vollendet eingereist.

Lösungsvorschlag

Deutschland und Polen sind beide Schengen-Staaten. Folglich handelt es sich hier um eine **Schengen-Binnengrenze** gem. Art. 2 Nr. 1a SGK.

Die Person wird im 30km-Bereich kontrolliert. Somit ist die Person mit dem Überschreiten der Grenzlinie gem. § 13 II S. 3 AufenthG vollendet eingereist.

1.3 Beabsichtigte Dauer und Zweck des Aufenthalts

Was müssen Sie hier prüfen [Hilfsfragen]?

Dieser Punkt beinhaltet erneut zwei Prüfungsschritte, sofern es sich um einen Drittstaatsangehörigen handelt, der kein abgeleitetes Freizügigkeitsrecht in Anspruch nimmt.

1. Schritt: Zunächst beantworten Sie die Frage, ob aufgrund der Stempellage Voraufenthaltszeiten (im Schengen-Raum) erkennbar sind.

2. Schritt: Danach müssen Sie die Frage klären, wie lange die Person im Schengen-Gebiet bleiben möchte und was ihr Reisezweck ist.

Zusammenfassung → Aufenthaltsdauer

1.) Weniger **als 90 Tage** in einem Zeitraum von 180 Tagen im Schengengebiet	2.) Mehr **als 90 Tage** in einem Zeitraum von 180 Tagen im Schengengebiet.
Es handelt sich um einen **Kurzaufenthalt gemäß Art. 6 I SGK**.	Es handelt sich um einen **längerfristigen Aufenthalt**.
3.) Sonderfall: Inhaber eines Aufenthaltstitels eines Schengen-Vollanwenderstaates. Dies stellt einen längerfristigen Aufenthalt in einem anderen Schengenstaat dar, aber einen Kurzaufenthalt in Deutschland.	

Lösungsvorschlag

Voraufenthaltszeiten sind bei T laut Sachverhalt nicht erkennbar. Die Person möchte für drei Tage seinen Bruder in Berlin besuchen. Der T ist Inhaber eines schengenwirksamen Aufenthaltstitels von Italien. Der T lebt bereits dauerhaft in Italien, einem Schengen-Vollanwenderstaat. Somit handelt es sich um einen längerfristigen Aufenthalt im Schengen-Gebiet, aber um einen Kurzaufenthalt[9] in Deutschland.

---

9 Gemäß Art. 21 I Schengener Durchführungsübereinkommen (SDÜ) können Drittausländer, die Inhaber eines gültigen, von einem der Mitgliedstaaten ausgestellten Aufenthaltstitels sind, sich aufgrund dieses Dokuments und eines gültigen Reisedokuments bis zu 90 Tage je Zeitraum von 180 Tagen frei im Hoheitsgebiet der anderen Mitgliedstaaten bewegen, sofern sie die in Artikel 5 [**gemeint ist damit Art. 6 SGK**] Absatz 1 Buchstaben a, c und e der Verordnung (EG) Nr. 562/2006 des Europäischen Parlaments und des Rates vom 15. März 2006 über einen Gemeinschaftskodex für das Überschreiten der Grenzen durch Personen (Schengener Grenzkodex) aufgeführten Einreisevoraussetzungen erfüllen und nicht auf der nationalen Ausschreibungsliste des betroffenen Mitgliedstaats stehen.

1.4 Anzuwendende Rechtsnormen nennen

Was müssen Sie hier prüfen [Hilfsfragen]?

Bei diesem Prüfungspunkt ist es nicht erforderlich, sämtliche Artikel und/oder Paragrafen zu benennen. Es kommt darauf an, die Systematik des Ausländerrechts darzulegen, indem Sie die hier relevanten und einschlägigen Gesetze etc. benennen.

Folgende (nicht abschließende) Konstellationen sollen die Systematik verdeutlichen:

Fallkonstellation 1: Kontrolle eines Positiv-[10]/Negativstaaters[11] an einer Schengen-Außengrenze; die Person möchte zu einem Kurzaufenthalt einreisen.

Anzuwendende Rechtsnormen: Vorrangig ist der SGK und die EUVisaVO und das SDÜ anzuwenden. Ergänzend[12] kommt das AufenthG und die AufenthV zur Anwendung.

Erklärung[13]**:**

- Der **SGK**[14] kommt vorrangig zur Anwendung, da er primär das Überschreiten der Außengrenzen durch Personen regelt. Unter anderem sind hier die **Einreisevoraussetzungen für Drittstaatsangehörige (Art. 6 SGK – wichtige Rechtsnorm!)** an den Außen-

10 Gemäß Art. 1, Art. 4 i. V. m. Anhang 2 der EUVisaVO sind bestimmte Drittstaatsangehörige von der Visumpflicht für einen Aufenthalt, der 90 Tage je Zeitraum von 180 Tagen nicht überschreitet, befreit.

11 Nach Art. 6 I b SGK muss der Drittstaatsangehörige im Besitz eines gültigen Visums sein, falls dies nach Art. 1, Art. 3 i. V. m. Anhang 1 der EUVisaVO vorgesehen ist.

12 Hier wird das Subsidiaritätsprinzip des deutschen Ausländerrechts deutlich. Dies bedeutet, dass das EU-Recht (insb. EU-Verordnungen) und das Völkerrecht (Verträge/Abkommen mit anderen Staaten) großen Einfluss auf das nationale Aufenthaltsrecht haben und dieses zum Teil auch verdrängen.

13 Diese Erklärung ist i. d. R. nicht Teil der Klausurlösung bzw. wird i. d. R. nicht verlangt. Sie dient hier dem besseren Verständnis.

14 VO (EU) 2016/399

grenzen geregelt. Der SGK regelt aber auch das i. d. R. kontrollfreie Überschreiten der Binnengrenzen (s. insb. Art. 22, 23 SGK).

- Die **EUVisaVO**[15] regelt die Visumpflicht bzw. Visumfreiheit für einen Kurzaufenthalt (bis zu 90 Tage) beim Überschreiten der Außengrenzen, je nach Staatsangehörigkeit. Hier müssen der Anhang 1 und Anhang 2 der EUVisaVO beachtet werden.
- Das **SDÜ**[16] regelt die einzelnen Reiserechte für Negativstaater (Art. 19), Positivstaater (Art. 20) sowie für Aufenthaltstitel-Inhaber (Art. 21).

Fallkonstellation 2: Kontrolle eines Positiv-/Negativstaaters an einer Schengen-Binnengrenze; die Person möchte zu einem Kurzaufenthalt einreisen.

Anzuwendende Rechtsnormen: Vorrangig ist das SDÜ, mittelbar der SGK und die EUVisaVO anzuwenden. Ergänzend kommt das AufenthG und die AufenthV zur Anwendung.

Erklärung:

- Das **SDÜ** regelt die einzelnen Reiserechte für Negativstaater (Art. 19), Positivstaater (Art. 20) sowie für Aufenthaltstitel-Inhaber (Art. 21). Beim Überschreiten der Binnengrenzen und beim eigentlichen Aufenthalt im Schengen-Gebiet muss der Drittstaatsangehörige die jeweiligen Einreisevoraussetzungen der Art. 19 bis 21 SDÜ erfüllen. Die Einreisevoraussetzungen sind im SGK niedergeschrieben (Art. 6 SGK).
- Der **SGK** kommt hier (nur) mittelbar zur Anwendung, da er primär das Überschreiten der Außengrenzen durch Personen regelt. Unter anderem sind hier die Einreisevoraussetzungen an den Außengrenzen geregelt. Wie oben beim Punkt SDÜ schon erwähnt, muss der jeweilige Drittstaatsangehörige die in den Reiserechten genannten Einreisevoraussetzungen des Art. 6 SGK erfüllen.

15 VO (EU) 2018/1806

16 = Schengener Durchführungsübereinkommen

- Die **EUVisaVO** regelt die Visumpflicht bzw. Visumfreiheit für einen Kurzaufenthalt (bis zu 90 Tage) beim Überschreiten der Außengrenzen. Die EUVisaVO kommt daher auch (nur) mittelbar zur Anwendung, um festzustellen, ob es sich um einen sichtvermerkspflichtigen (sprich visapflichtigen, s. Art. 19 SDÜ) oder sichtvermerksfreien (sprich visafreien) Drittstaatsangehörigen handelt.

Fallkonstellation 3: Kontrolle eines Inhabers eines nicht-deutschen, schengenweit gültigen Aufenthaltstitels an einer Schengen-Binnengrenze; die Person möchte (nach Deutschland) zu einem Kurzaufenthalt einreisen.

Anzuwendende Rechtsnormen: Vorrangig ist das SDÜ und mittelbar der SGK anzuwenden. Ergänzend kommt das AufenthG und die AufenthV zur Anwendung.

Erklärung:

- Das **SDÜ** regelt das Reiserecht für einen Drittstaatsangehörigen, der Inhaber eines Aufenthaltstitels eines Schengen-Vollanwenderstaates ist (Art. 21 I). Beim Überschreiten der Binnengrenzen und beim eigentlichen Aufenthalt im übrigen Schengen-Gebiet muss der AT-Inhaber die jeweiligen Einreisevoraussetzungen des Art. 21 SDÜ erfüllen. Die Einreisevoraussetzungen sind im SGK niedergeschrieben (Art. 6 SGK).
- Der **SGK** kommt hier (nur) mittelbar zur Anwendung, da er primär das Überschreiten der Außengrenzen durch Personen regelt. Unter anderem sind hier die Einreisevoraussetzungen an den Außengrenzen geregelt. Wie oben beim Punkt SDÜ schon erwähnt, muss der jeweilige Drittstaatsangehörige die in den Reiserechten genannten Einreisevoraussetzungen des Art. 6 SGK erfüllen.

Lösungsvorschlag

Vorrangig ist hier das SDÜ und mittelbar der SGK anzuwenden. Ergänzend kommen das AufenthG und die AufenthV zur Anwendung.

Der Punkt 1 [Herausarbeiten der anzuwendenden Rechtsnormen] ist nun komplett bearbeitet. Hier noch einmal der **komplette Lösungsvorschlag**:

1.1 Statusprüfung der Person

Es handelt sich um einen algerischen Staatsangehörigen. T ist kein Deutscher i. S. d. Art. 116 I GG und somit Ausländer i. S. d. § 2 I AufenthG.

Der T ist weder EU-/EWR-Bürger noch Schweizer und es liegen auch keine Anhaltspunkte dafür vor, dass er Familienangehöriger eines EU-/EWR-Bürgers oder Schweizers ist, der sein Freizügigkeitsrecht in Anspruch nimmt. Somit hat er kein Recht auf freien Personenverkehr gem. Art. 2 Nr. 5 SGK. Somit ist er Drittstaatsangehöriger gem. Art. 2 Nr. 6 SGK.

1.2 Grenze

Deutschland und Polen sind beide Schengen-Staaten. Folglich handelt es sich hier um eine Schengen-Binnengrenze gem. Art. 2 Nr. 1a SGK. Die Person wird im 30 km-Bereich kontrolliert. Somit ist die Person mit dem Überschreiten der Grenzlinie gem. § 13 II S. 3 AufenthG vollendet eingereist.

1.3 Beabsichtigte Dauer und Zweck des Aufenthalts

Voraufenthaltszeiten sind bei T laut Sachverhalt nicht erkennbar. Die Person möchte für drei Tage seinen Bruder in Berlin besuchen. Der T ist Inhaber eines schengenwirksamen Aufenthaltstitels von Italien. Der T lebt bereits dauerhaft in Italien, einem Schengen-Vollanwenderstaat. Somit handelt es sich um einen längerfristigen Aufenthalt im Schengen-Gebiet, aber um einen Kurzaufenthalt[17] in Deutschland.

1.4 Anzuwendende Rechtsnormen nennen

Vorrangig ist hier das SDÜ und mittelbar der SGK anzuwenden. Ergänzend kommen das AufenthG und die AufenthV zur Anwendung.

---

17 Gemäß Art. 21 I Schengener Durchführungsübereinkommen (SDÜ) können Drittausländer, die Inhaber eines gültigen, von einem der Mitgliedstaaten ausgestellten Aufenthaltstitels sind, sich aufgrund dieses Dokuments und eines gültigen Reisedokuments bis zu 90 Tage je Zeitraum von 180 Tagen frei im Hoheitsgebiet der anderen Mitgliedstaaten bewegen, sofern sie die in Artikel 5 [**gemeint ist damit Art. 6 SGK**] Absatz 1 Buchstaben a, c und e der Verordnung (EG) Nr. 562/2006 des Europäischen Parlaments und des Rates

Kommen wir nun zum Punkt 2 [Prüfung der Voraussetzungen der einschlägigen ausländerrechtlichen Normen].

2. Prüfung der Voraussetzungen der einschlägigen ausländerrechtlichen Normen

Was müssen Sie hier prüfen [Hilfsfragen]?

Je nach Fallkonstellation müssen hier (in der Regel)

- entweder die Voraussetzungen für die Einreise (insb. Art. 6 SGK) und/oder
- die Voraussetzungen für den Aufenthalt geprüft werden (hier sind insb. die Art. 19 bis 21 SDÜ zu beachten).

Art. 21 I SDÜ beinhaltet (nur) eines der verschiedenen Reiserechte – hier ein Überblick:

Art. 19 SDÜ Reiserecht für Negativstaater	**Art. 20 SDÜ Reiserecht für Positivstaater**	**Art. 21 SDÜ Reiserecht für AT-Inhaber[18] und D-Visa-Inhaber**
Adressat: Staatsangehörige im Anhang 1 der EUVisaVO als Inhaber eines einheitlichen Sichtvermerkes (Visum C oder C-Transit), also: ■ **Drittstaatsangehöriger** ■ **Sichtvermerkspflichtig** ■ **Inhaber eines einheitlichen Sichtvermerks (C-Visum oder C-Transit)**	Adressat: Staatsangehörige im Anhang 2 der EUVisaVO für einen beabsichtigten Kurzaufenthalt (max. 90 Tage innerhalb eines Zeitraumes von 180 Tagen), also: ■ **Drittstaatsangehöriger** ■ **Sichtvermerksfrei** ■ **Kurzaufenthalt im Schengen-Gebiet**	Adressat: Inhaber eines Aufenthaltstitels eines Schengen-Vollanwenderstaates oder Inhaber eines nationalen D-Visums (s. dazu Art. 18 SDÜ), also: ■ **Drittstaatsangehöriger** ■ **Inhaber eines Schengen-AT bzw. D-Visums** ■ **Kurzaufenthalt in den anderen Schengen-Staaten**

vom 15. März 2006 über einen Gemeinschaftskodex für das Überschreiten der Grenzen durch Personen (Schengener Grenzkodex) aufgeführten Einreisevoraussetzungen erfüllen und nicht auf der nationalen Ausschreibungsliste des betroffenen Mitgliedstaats stehen.

18 Auch vorläufige Aufenthaltstitel, s. Art. 21 II SDÜ.

Reiserecht bei Erfüllung der Voraussetzungen des Art. 6 I SGK – Buchstaben:		
a) gültiges Reisedokument	a) gültiges Reisedokument	a) gültiges Reisedokument
c) Nachweis des Aufenthaltszweckes und der erforderlichen finanziellen Mittel	c) Nachweis des Aufenthaltszweckes und der erforderlichen finanziellen Mittel	c) Nachweis des Aufenthaltszweckes und der erforderlichen finanziellen Mittel
d) Keine Ausschreibung im SIS zur Einreiseverweigerung	d) Keine Ausschreibung im SIS zur Einreiseverweigerung	
e) Keine Gefahr oder nationale Ausschreibung	e) Keine Gefahr oder nationale Ausschreibung	e) Keine Gefahr oder nationale Ausschreibung

Der algerische Staatsangehörige könnte sich auf das Reiserecht nach Art. 21 I SDÜ stützen.

Art. 21 SDÜ

(1) Drittausländer, die Inhaber eines gültigen, von einem der Mitgliedstaaten ausgestellten Aufenthaltstitels sind, können sich aufgrund dieses Dokuments und eines gültigen Reisedokuments bis zu 90 Tage je Zeitraum von 180 Tagen frei im Hoheitsgebiet der anderen Mitgliedstaaten bewegen, sofern sie die in Artikel 5 **[gemeint ist damit Art. 6 SGK – Anmerkung durch die Verfasser]** Absatz 1 Buchstaben a, c und e der Verordnung (EG) Nr. 562/2006 des Europäischen Parlaments und des Rates vom 15. März 2006 über einen Gemeinschaftskodex für das Überschreiten der Grenzen durch Personen (Schengener Grenzkodex) aufgeführten Einreisevoraussetzungen erfüllen und nicht auf der nationalen Ausschreibungsliste des betroffenen Mitgliedstaats stehen. […]

Zu prüfende Voraussetzungen des Art. 21 SDÜ I im Überblick:

1. Drittstaatsangehöriger
2. Inhaber eines Aufenthaltstitels eines Schengen-Vollanwenderstaates oder Inhaber eines nationalen D-Visums
3. Geplanter Kurzaufenthalt in den anderen Schengen-Staaten (max. 90 Tage innerhalb eines Zeitraumes von 180 Tagen)
4. Gültiges Reisedokument (Art. 6 I a SGK)
5. Nachweis des Aufenthaltszweckes und der erforderlichen finanziellen Mittel (Art. 6 I c SGK)
6. Keine Gefahr oder nationale Ausschreibung

Folgende Voraussetzungen müssen erfüllt sein, damit sich die Person auf das Reiserecht nach Art. 21 SDÜ stützen kann.

1. Drittstaatsangehöriger

Wie oben (Punkt 1.1) bereits geprüft, handelt es sich um einen Drittstaatsangehörigen.

2. Inhaber eines Aufenthaltstitels eines Schengen-Vollanwenderstaates oder Inhaber eines nationalen D-Visums

Laut Sachverhalt kann die Person einen schengenwirksamen italienischen Aufenthaltstitel vorweisen, der noch bis Mitte nächsten Jahres gültig ist. Italien ist Schengen-Vollanwenderstaat und somit Mitgliedstaat i. S. v. Art. 21 SDÜ.

3. Geplanter Kurzaufenthalt in den anderen Schengen-Staaten (max. 90 Tage innerhalb eines Zeitraumes von 180 Tagen)

Die Person möchte laut Sachverhalt für drei Tage seinen Bruder in Berlin besuchen. Er überschreitet damit nicht die zeitliche Grenze von 90 Tagen innerhalb von 180 Tagen i. S. d. Art. 21 SDÜ.

4. Prüfung der Voraussetzungen des Art. 6 I SGK

- **Art. 6 I a SGK**: Gültiges Reisedokument

  Die Person verfügt laut Sachverhalt über einen gültigen und i. S. d. § 3 I AufenthG anerkannten algerischen Reisepass, der vor fünf Jahren ausgestellt wurde und noch fünf Jahre gültig ist. Somit ist die Voraussetzung gem. Art. 6 I a SGK erfüllt.

- **Art. 6 I c SGK:** Nachweis Aufenthaltszweck und der erforderlichen finanziellen Mittel

  Die Person möchte für drei Tage seinen Bruder in Berlin besuchen. Er überschreitet damit nicht die zeitliche Grenze von 90 Tagen innerhalb von 180 Tagen i. S. d. Art. 21 SDÜ. Der Zweck des Besuchs steht im Einklang mit dem Regelungsinhalt des Art. 21 SDÜ. Laut Sachverhalt verfügt er über ausreichende finanzielle Mittel zur Bestreitung des Lebensunterhalts. Die Voraussetzung des Art. 6 I c SGK ist somit erfüllt.

- **Art. 6 I e SGK:** Keine Gefahr oder nationale Ausschreibung

  Eine Gefahr i. S. d. Art. 6 I e SGK ist nicht ersichtlich. Die fahndungsmäßige Überprüfung ergab keine nationale Ausschreibung. Somit ist auch diese Voraussetzung gegeben.

Ergebnis

Der T erfüllt die Voraussetzungen für den Aufenthalt i. S. d. Art. 21 SDÜ.

4.2 Fall 2 – Deutscher Reiseausweis für Flüchtlinge

Sachverhalt:
BPOLI Forst: Auf der BAB 15 im 30 Km-Bereich stellen Sie den irakischen Staatsangehörigen (I) mit einem deutschen Reiseausweis für Flüchtlinge (gültig von 2014 bis 2024) und einer deutschen Niederlassungserlaubnis fest. Er gibt an, dass er vor ca. 10 Minuten die Grenze überschritten hat und jetzt auf dem Weg nach Hause ist. Eine fahndungsmäßige Überprüfung verläuft negativ.

Anlage D7a Ausweismuster Reiseausweis für Flüchtlinge nach § 4 I S. 1 Nr. 3 AufenthV

Frage: Prüfen Sie, ob I die Voraussetzungen für den Aufenthalt und die Einreise erfüllt.

Gemäß der Fragestellung müssen Sie auf die Punkte 1 und 2 des Schemas eingehen:

1. **Herausarbeiten der anzuwendenden Rechtsnormen**
   - 1.1. Statusprüfung der Person
   - 1.2. Grenze
   - 1.3. Beabsichtigte Dauer und Zweck des Aufenthalts
   - 1.4. Anzuwendende Rechtsnormen nennen
2. **Prüfung der Voraussetzungen der einschlägigen ausländerrechtlichen Normen**

1. Herausarbeiten der anzuwendenden Rechtsnormen

1.1 Statusprüfung

Was müssen Sie hier prüfen [Hilfsfragen]?

Beantworten Sie die Hilfsfragen,

- ob es sich bei der zu kontrollierenden Person um einen Deutschen *oder* Ausländer handelt;
- ob die Person Unionsbürger ist *oder* eine Person, die das abgeleitete Freizügigkeitsrecht in Anspruch nimmt
- ob die Person das Recht auf freien Personenverkehr genießt *oder* doch Drittstaatsangehöriger ist.

Lösungsvorschlag

Es handelt sich um einen *irakischen* Staatsangehörigen. Der I ist kein Deutscher i. S. d. Art. 116 I GG und somit Ausländer i. S. d. § 2 I AufenthG.

Der I ist weder EU-/EWR-Bürger noch Schweizer und es liegen auch keine Anhaltspunkte dafür vor, dass er Familienangehöriger eines EU-/EWR-Bürgers oder Schweizers ist, der sein Freizügigkeitsrecht in Anspruch nimmt.

Somit hat er *kein* Recht auf freien Personenverkehr gem. Art. 2 Nr. 5 SGK.

Somit ist er Drittstaatsangehöriger gem. Art. 2 Nr. 6 SGK.

1.2 Grenze

Was müssen Sie hier prüfen [Hilfsfragen]?

Der Punkt Grenze enthält zwei Prüfungsschritte.

1. Schritt: Zunächst beantworten Sie die Frage, welche Reisebewegung vorliegt und ob es sich bei dieser um eine Schengen-Binnen- oder Schengen-Außengrenze handelt (Art. 2 Nr. 1 und Nr. 2 SGK beachten).

2. Schritt: Danach müssen Sie die Frage beantworten, ob die Einreise bereits vollendet ist oder nicht (§ 13 AufenthG beachten).

Lösungsvorschlag

Deutschland und Polen sind beide Schengen-Staaten. Folglich handelt es sich hier um eine *Schengen-Binnengrenze* gem. Art. 2 Nr. 1a SGK.

Die Person wird im 30km-Bereich kontrolliert. Somit ist die Person mit dem Überschreiten der Grenzlinie gem. § 13 II S. 3 AufenthG vollendet eingereist.

1.3 Beabsichtigte Dauer und Zweck des Aufenthalts

Was müssen Sie hier prüfen [Hilfsfragen]?

Dieser Punkt beinhaltet erneut zwei Prüfungsschritte, sofern es sich um einen Drittstaatsangehörigen handelt, der kein abgeleitetes Freizügigkeitsrecht in Anspruch nimmt.

1. Schritt: Zunächst beantworten Sie die Frage, ob aufgrund der Stempellage Voraufenthaltszeiten (im Schengen-Raum) erkennbar sind.

2. Schritt: Danach müssen Sie die Frage klären, wie lange die Person im Schengen-Gebiet bleiben möchte und was ihr Reisezweck ist.

Lösungsvorschlag

Die Person gibt an, auf dem Weg nach Hause zu sein. Er ist im Besitz einer Niederlassungserlaubnis. Es kann daher davon ausgegangen werden, dass er in Deutschland lebt. Folglich handelt es sich um einen **langfristigen Aufenthalt**.

1.4 Anzuwendende Rechtsnormen nennen

Was müssen Sie hier prüfen [Hilfsfragen]?

Bei diesem Prüfungspunkt ist es nicht erforderlich, sämtliche Artikel und/oder Paragrafen zu benennen. Es kommt darauf an, die Systematik des Ausländerrechts darzulegen, indem Sie die hier relevanten und einschlägigen Gesetze etc. benennen.

Lösungsvorschlag

Hier findet das AufenthG, ergänzend die AufenthV Anwendung.

2. Prüfung der Voraussetzungen der einschlägigen ausländerrechtlichen Normen

Was müssen Sie hier prüfen [Hilfsfragen]?

Je nach Fallkonstellation müssen hier

- entweder die Voraussetzungen für die Einreise (insb. Art. 6 SGK) und/oder
- die Voraussetzungen für den Aufenthalt geprüft werden (hier sind insb. die Art. 19 bis 21 SDÜ zu beachten)
- bei längerfristigen Aufenthalten (an der Binnengrenze): §§ 3, 4 AufenthG prüfen

Hinweis: Die Person I lebt bereits in Deutschland und demzufolge handelt es sich um einen längerfristigen Aufenthalt. Geprüft werden müssen hier insbesondere die §§ 3 und 4 des AufenthG. Bearbeiten Sie die §§ 3 und 4 AufenthG (wie gewohnt) mit dem 3er-Schritt der Subsumtion (**D**efinition-**S**ubsumtion-**E**rgebnis).

- **§ 3 AufenthG – Passpflicht**

  Gemäß § 3 I S. 1 AufenthG dürfen Ausländer nur in das Bundesgebiet einreisen oder sich darin aufhalten, wenn sie einen anerkannten und gültigen Pass oder Passersatz haben, sofern sie von der Passpflicht nicht durch Rechtsverordnung befreit sind.

  Der I ist im Besitz eines gültigen deutschen Reiseausweises für Flüchtlinge. Dieser ist in § 4 I Nr. 3 AufenthV als deutsches Passersatzpapier für Ausländer erwähnt. Der I erfüllt somit die Passpflicht nach § 3 AufenthG.

- **§ 4 AufenthG – Aufenthaltstitelpflicht**

  Gemäß § 4 AufenthG benötigt jeder Ausländer für die Einreise und den Aufenthalt im Bundesgebiet einen Aufenthaltstitel, sofern nicht durch Recht der Europäischen Union oder durch

Rechtsverordnung etwas anderes bestimmt ist oder auf Grund des Abkommens vom 12. September 1963 zur Gründung einer Assoziation zwischen der Europäischen Wirtschaftsgemeinschaft und der Türkei.

Der I ist Inhaber einer deutschen Niederlassungserlaubnis. Diese ist ein Aufenthaltstitel gem. § 4 I Nr. 3 AufenthG i. V. m. § 9 I AufenthG, unbefristet gültig und berechtigt grundsätzlich zur Aufnahme einer Erwerbstätigkeit. Somit erfüllt I die Aufenthaltstitelpflicht gem. § 4 I AufenthG.

Ergebnis:

Da I die Passpflicht gem. § 3 I AufenthG und die Aufenthaltstitelpflicht gem. § 4 AufenthG erfüllt, hat er ein Recht auf Einreise und Aufenthalt im Bundesgebiet.

5. Fälle an der Außengrenze

5.1 Fall 1 – Kurzaufenthaltsrecht

Sachverhalt:
BPOLI Flughafen Hamburg: Zur grenzpolizeilichen Einreisekontrolle des Fluges aus New York/USA erscheint die mexikanische Staatsangehörige (M). Diese weist sich mit einem zeitlich gültigen und anerkannten mexikanischen Reisepass aus.

Sie gibt an, eine Woche Urlaub in Hamburg machen zu wollen und anschließend wieder zurück zu reisen. Sie verfügt über ausreichende finanzielle Mittel. Eine fahndungstechnische Überprüfung verläuft negativ.

Frage: Prüfen Sie, ob die Person die Voraussetzungen für die Einreise erfüllt.

Gemäß der Fragestellung müssen Sie auf die Punkte 1 und 2 des Schemas eingehen:

1. **Herausarbeiten der anzuwendenden Rechtsnormen**
   - 1.1 Statusprüfung der Person
   - 1.2 Grenze
   - 1.3 Beabsichtigte Dauer und Zweck des Aufenthalts
   - 1.4 Anzuwendende Rechtsnormen nennen
2. **Prüfung der Voraussetzungen der einschlägigen ausländerrechtlichen Normen**

1. Herausarbeiten der anzuwendenden Rechtsnormen

1.1 Statusprüfung

Was müssen Sie hier prüfen [Hilfsfragen]?

Beantworten Sie die Hilfsfragen,

- ob es sich bei der zu kontrollierenden Person um einen Deutschen oder Ausländer handelt;
- ob die Person Unionsbürger ist oder eine Person, die das abgeleitete Freizügigkeitsrecht in Anspruch nimmt;
- ob die Person das Recht auf freien Personenverkehr genießt oder doch Drittstaatsangehöriger ist.

Lösungsvorschlag

Es handelt sich um eine <u>mexikanische</u> Staatsangehörige. M ist keine Deutsche i. S. d. Art. 116 I GG und somit Ausländer i. S. d. § 2 I AufenthG.

Die M ist weder EU-/EWR-Bürger noch Schweizer und es liegen auch keine Anhaltspunkte dafür vor, dass sie Familienangehörige eines EU-/EWR-Bürgers oder Schweizers ist, der sein Freizügigkeitsrecht in Anspruch nimmt.

Somit hat sie kein Recht auf freien Personenverkehr gem. Art. 2 Nr. 5 SGK.

Somit ist sie Drittstaatsangehörige gem. Art. 2 Nr. 6 SGK.

1.2 Grenze

Was müssen Sie hier prüfen [Hilfsfragen]?

Der Punkt Grenze enthält zwei Prüfungsschritte.

1. Schritt: Zunächst beantworten Sie die Frage, welche Reisebewegung vorliegt und ob es sich bei dieser um eine Schengen-Binnen- oder Schengen-Außengrenze handelt (Art. 2 Nr. 1 und Nr. 2 SGK beachten).

2. Schritt: Danach müssen Sie die Frage klären, ob die Einreise bereits vollendet ist oder nicht (§ 13 AufenthG beachten).

Lösungsvorschlag

Die USA sind kein Schengen-Staat i. S. d. SGK. Deutschland ist ein Schengen-Staat. Folglich handelt es sich hier um eine Schengen-Außengrenze gem. Art. 2 Nr. 2 SGK. Diese wurde überflogen. Die Person befindet sich noch in der Einreisekontrolle. Die Einreise ist somit gem. § 13 II S. 1 AufenthG noch nicht vollendet.

1.3 Beabsichtigte Dauer und Zweck des Aufenthalts

Was müssen Sie hier prüfen [Hilfsfragen]?

Dieser Punkt beinhaltet erneut zwei Prüfungsschritte, sofern es sich um einen Drittstaatsangehörigen handelt, der kein abgeleitetes Freizügigkeitsrecht in Anspruch nimmt.

1. Schritt: Zunächst beantworten Sie die Frage, ob aufgrund der Stempellage Voraufenthaltszeiten (im Schengen-Raum) erkennbar sind.

2. Schritt: Danach müssen Sie die Frage klären, wie lange die Person im Schengen-Gebiet bleiben möchte und was ihr Reisezweck ist.

Lösungsvorschlag

Voraufenthaltszeiten sind bei M laut Sachverhalt nicht erkennbar. Die Person möchte sich für eine Woche im Schengen-Raum zu touristischen Zwecken aufhalten. Sie überschreitet damit nicht den Zeitraum von 90 Tagen je Zeitraum von 180 Tagen. Es handelt sich demnach um einen Kurzaufenthalt im Schengengebiet gem. Art. 6 I SGK.

1.4 Anzuwendende Rechtsnormen nennen

Was müssen Sie hier prüfen [Hilfsfragen]?

Bei diesem Prüfungspunkt ist es nicht erforderlich, sämtliche Artikel und/oder Paragrafen zu benennen. Es kommt darauf an, die Systematik des Ausländerrechts darzulegen, indem Sie die hier relevanten und einschlägigen Gesetze etc. benennen.

Lösungsvorschlag

Anzuwendende Rechtsnormen:

Vorrangig sind der SGK und die EUVisaVO und das SDÜ anzuwenden.

Ergänzend kommen das AufenthG und die AufenthV zur Anwendung.

2. Prüfung der Voraussetzungen der einschlägigen ausländerrechtlichen Normen

Was müssen Sie hier prüfen [Hilfsfragen]?

Je nach Fallkonstellation müssen hier

- entweder die Voraussetzungen für die Einreise (insb. Art. 6 SGK) und/oder
- die Voraussetzungen für den Aufenthalt geprüft werden (hier sind insb. die Art. 19 bis 21 SDÜ zu beachten)

Hinweis: Laut Aufgabenstellung wird nur nach den Voraussetzungen für die Einreise gefragt. Somit ist nur der Art. 6 I SGK zu prüfen. Die Voraussetzungen für den Aufenthalt sind hier nicht gefragt. In Betracht käme hier der Art. 20 SDÜ (Reiserecht für Positivstaater).

Die M müsste die Einreisevoraussetzungen des Art. 6 I SGK erfüllen.

Artikel 6 SGK (Einreisevoraussetzungen für Drittstaatsangehörige)

(1) Für einen geplanten Aufenthalt im Hoheitsgebiet der Mitgliedstaaten von bis zu 90 Tagen je Zeitraum von 180 Tagen, wobei der Zeitraum von 180 Tagen, der jedem Tag des Aufenthalts vorangeht, berücksichtigt wird, gelten für einen Drittstaatsangehörigen folgende Einreisevoraussetzungen:

a) Er muss im Besitz eines gültigen Reisedokuments sein, das seinen Inhaber zum Überschreiten der Grenze berechtigt und folgende Anforderungen erfüllt:

   i) Es muss mindestens noch drei Monate nach der geplanten Ausreise aus dem Hoheitsgebiet der Mitgliedstaaten gültig sein. In begründeten Notfällen kann von dieser Verpflichtung abgesehen werden.

   ii) Es muss innerhalb der vorangegangenen zehn Jahre ausgestellt worden sein.

b) Er muss im Besitz eines gültigen Visums sein, falls dies nach der Verordnung (EG) Nr. 539/2001 des Rates vorgeschrieben ist, außer wenn er Inhaber eines gültigen Aufenthaltstitels oder eines gültigen Visums für den längerfristigen Aufenthalt ist.

c) Er muss den Zweck und die Umstände des beabsichtigten Aufenthalts belegen, und er muss über ausreichende Mittel zur Bestreitung des Lebensunterhalts sowohl für die Dauer des beabsichtigten Aufenthalts als auch für die Rückreise in den Herkunftsstaat oder für die Durchreise in einen Drittstaat, in dem seine Zulassung gewährleistet ist, verfügen oder in der Lage sein, diese Mittel rechtmäßig zu erwerben.

d) Er darf nicht im SIS zur Einreiseverweigerung ausgeschrieben sein.

e) Er darf keine Gefahr für die öffentliche Ordnung, die innere Sicherheit, die öffentliche Gesundheit oder die internationalen Beziehungen eines Mitgliedstaats darstellen und darf insbesondere nicht in den nationalen Datenbanken der Mitgliedstaaten zur Einreiseverweigerung aus denselben Gründen ausgeschrieben worden sein.

Lösungsvorschlag

Wie bereits oben festgestellt, handelt es sich um eine Drittstaatsangehörige, welche die Schengen-Außengrenze überschreitet und für die Dauer eines Kurzaufenthaltes einreisen möchte.

- **Art. 6 I a SGK: Gültiges Reisedokument**

Die Mexikanerin weist sich mit einem zeitlich gültigen und i. S. d. § 3 I AufenthG anerkannten mexikanischen Reisepass aus. Es ist davon auszugehen, dass der Reisepass nach geplanter Ausreise noch mindestens drei Monate gültig ist und in den vergangenen zehn Jahren ausgestellt wurde. Somit sind die Voraussetzungen gem. Art. 6 I a SGK erfüllt.

Hinweis[19] *zu Art. 6 I b SGK:* Mexiko ist im Anhang 2 der EUVisaVO gelistet. Die mexikanische Staatsangehörige ist demnach nach Art. 1, 4 I EUVisaVO für die Dauer eines Kurzaufenthalts von der Visumpflicht befreit.

- **Art. 6 I c SGK: Anerkannter Zweck und ausreichende Mittel**

Die M möchte für eine Woche Urlaub in Hamburg machen. Dieser touristische Zweck ist von der EUVisaVO erfasst. Sie verfügt laut Sachverhalt über ausreichende finanzielle Mittel. Somit ist diese Voraussetzung erfüllt.

- **Art. 6 I d SGK: Keine Ausschreibung im SIS**

Eine Ausschreibung im SIS zur Einreiseverweigerung liegt erkennbar nicht vor.

- **Art. 6 I e SGK: Keine Gefahr oder nationale Ausschreibung**

Die M stellt keine Gefahr dar und ist auch nicht national ausgeschrieben. Somit ist auch diese Voraussetzung erfüllt.

Ergebnis

Insgesamt erfüllt die M die Einreisevoraussetzungen gem. Art. 6 I SGK.

19 Es empfiehlt sich in der Klausur ein klarstellender Hinweis dazu.

5.2 Fall 2 – Deutscher Aufenthaltstitel

Sachverhalt:
BPOLI Flughafen Hamburg: Zur grenzpolizeilichen Einreisekontrolle des Fluges aus New York/USA erscheint der chinesische Staatsangehörige (C). Dieser weist sich mit einem zeitlich gültigen und anerkannten chinesischen Reisepass und einer deutschen Aufenthaltserlaubnis aus.

Er gibt an, in Deutschland zu wohnen.

Frage: Prüfen Sie, ob die Person die Voraussetzungen für die Einreise erfüllt.

Gemäß der Fragestellung müssen Sie auf die Punkte 1 und 2 des Schemas eingehen:

1. **Herausarbeiten der anzuwendenden Rechtsnormen**
   1.1 Statusprüfung der Person
   1.2 Grenze
   1.3 Beabsichtigte Dauer und Zweck des Aufenthalts
   1.4 Anzuwendende Rechtsnormen nennen
2. **Prüfung der Voraussetzungen der einschlägigen ausländerrechtlichen Normen**

1. Herausarbeiten der anzuwendenden Rechtsnormen

1.1 Statusprüfung

Was müssen Sie hier prüfen [Hilfsfragen]?

Beantworten Sie die Hilfsfragen,

- ob es sich bei der zu kontrollierenden Person um einen Deutschen oder Ausländer handelt;
- ob die Person Unionsbürger ist oder eine Person, die das abgeleitete Freizügigkeitsrecht in Anspruch nimmt;

- ob die Person das Recht auf freien Personenverkehr genießt oder doch Drittstaatsangehöriger ist.

Lösungsvorschlag

Es handelt sich um einen chinesischen Staatsangehörigen. C ist kein Deutscher i. S. d. Art. 116 I GG und somit Ausländer i. S. d. § 2 I AufenthG.

Der C ist weder EU-/EWR-Bürger noch Schweizer und es liegen auch keine Anhaltspunkte dafür vor, dass er Familienangehöriger eines EU-/EWR-Bürgers oder Schweizers ist, der sein Freizügigkeitsrecht in Anspruch nimmt.

Somit hat er kein Recht auf freien Personenverkehr gem. Art. 2 Nr. 5 SGK.

Somit ist er Drittstaatsangehöriger gem. Art. 2 Nr. 6 SGK.

1.2 Grenze

Was müssen Sie hier prüfen [Hilfsfragen]?

Der Punkt Grenze enthält zwei Prüfungsschritte.

1. Schritt: Zunächst beantworten Sie die Frage, welche Reisebewegung vorliegt und ob es sich bei dieser um eine Schengen-Binnen- oder Schengen-Außengrenze handelt (Art. 2 Nr. 1 und Nr. 2 SGK beachten).

2. Schritt: Danach müssen Sie die Frage klären, ob die Einreise bereits vollendet ist oder nicht (§ 13 AufenthG beachten).

Lösungsvorschlag

Die USA sind kein Schengen-Staat i. S. d. SGK. Deutschland ist ein Schengen-Staat. Folglich handelt es sich hier um eine Schengen-Außengrenze gem. Art. 2 Nr. 2 SGK. Diese wurde überflogen. Die Person befindet sich noch in der Einreisekontrolle. Die Einreise ist somit gem. § 13 II S. 1 AufenthG noch nicht vollendet.

1.3 Beabsichtigte Dauer und Zweck des Aufenthalts

Was müssen Sie hier prüfen [Hilfsfragen]?

Dieser Punkt beinhaltet erneut zwei Prüfungsschritte, sofern es sich um einen Drittstaatsangehörigen handelt, der kein abgeleitetes Freizügigkeitsrecht in Anspruch nimmt.

1. Schritt: Zunächst beantworten Sie die Frage, ob aufgrund der Stempellage Voraufenthaltszeiten (im Schengen-Raum) erkennbar sind.

2. Schritt: Danach müssen Sie die Frage klären, wie lange die Person im Schengen-Gebiet bleiben möchte und was ihr Reisezweck ist.

Lösungsvorschlag

Der C gibt an, hier in Deutschland zu wohnen. Somit plant er einen langfristigen Aufenthalt im Bundesgebiet.

1.4 Anzuwendende Rechtsnormen nennen

Was müssen Sie hier prüfen [Hilfsfragen]?

Bei diesem Prüfungspunkt ist es nicht erforderlich, sämtliche Artikel und/oder Paragrafen zu benennen. Es kommt darauf an, die Systematik des Ausländerrechts darzulegen, indem Sie die hier relevanten und einschlägigen Gesetze etc. benennen.

Lösungsvorschlag

Anzuwendende Rechtsnormen: Vorrangig ist der SGK zu prüfen, ergänzend kommen das AufenthG und die AufenthV zur Anwendung.

Erläuternde Hinweise dazu:

→ Grundsätzlich gilt folgende Merkregel:

Kurzfristiger Aufenthalt (bis zu 90 Tage ...)	= Vorrangig kommt der SGK und die EUVisaVO zur Anwendung.
Langfristiger Aufenthalt	= Vorrangig ist das AufenthG und die AufenthV zu prüfen.

Folgende Ausnahme von dieser Grundregel besteht: Erscheint, wie hier, ein Drittstaatsangehöriger bei einer Schengen-Außengrenzkontrolle, ist der Kontrollstandard nach Art. 8 III SGK anzuwenden. In Art. 8 III a SGK wird dann auf die Prüfung der Einreisevoraussetzungen nach Art. 6 SGK verwiesen.

> **Artikel 8 (Grenzübertrittskontrollen von Personen)**
>
> [...]
>
> (3) Drittstaatsangehörige werden bei der Ein- und Ausreise wie folgt eingehend kontrolliert:
>
> a) Die eingehende Kontrolle bei der Einreise umfasst die Überprüfung der in Artikel 6 Absatz 1 festgelegten Einreisevoraussetzungen sowie gegebenenfalls der für den Aufenthalt und die Ausübung einer Erwerbstätigkeit erforderlichen Erlaubnisse. [...]

Somit kommt – wie oben bereits erwähnt – vorrangig der SGK, ergänzend das AufenthG und die AufenthV zur Anwendung.

Mit anderen Worten: Es ist (bei einer Außengrenzkontrolle) unerheblich, ob die Person beabsichtigt, zu einem kurzfristigen oder langfristigen Aufenthalt einzureisen.[20]

2. Prüfung der Voraussetzungen der einschlägigen ausländerrechtlichen Normen

Was müssen Sie hier prüfen [Hilfsfragen]?

Je nach Fallkonstellation müssen hier

- entweder die Voraussetzungen für die Einreise (insb. Art. 6 SGK) und/oder
- die Voraussetzungen für den Aufenthalt geprüft werden (hier sind insb. die Art. 19 bis 21 SDÜ zu beachten)

Der C müsste die Einreisevoraussetzungen des Art. 6 I SGK erfüllen.

20 Dies entspricht auch der geltenden Weisungslage der Bundespolizei.

Artikel 6 SGK (Einreisevoraussetzungen für Drittstaatsangehörige)

(1) Für einen geplanten Aufenthalt im Hoheitsgebiet der Mitgliedstaaten von bis zu 90 Tagen je Zeitraum von 180 Tagen, wobei der Zeitraum von 180 Tagen, der jedem Tag des Aufenthalts vorangeht, berücksichtigt wird, gelten für einen Drittstaatsangehörigen folgende Einreisevoraussetzungen:

a) Er muss im Besitz eines gültigen Reisedokuments sein, das seinen Inhaber zum Überschreiten der Grenze berechtigt und folgende Anforderungen erfüllt:

   i) Es muss mindestens noch drei Monate nach der geplanten Ausreise aus dem Hoheitsgebiet der Mitgliedstaaten gültig sein. In begründeten Notfällen kann von dieser Verpflichtung abgesehen werden.

   ii) Es muss innerhalb der vorangegangenen zehn Jahre ausgestellt worden sein.

b) Er muss im Besitz eines gültigen Visums sein, falls dies nach der Verordnung (EG) Nr. 539/2001 des Rates vorgeschrieben ist, außer wenn er Inhaber eines gültigen Aufenthaltstitels oder eines gültigen Visums für den längerfristigen Aufenthalt ist.

c) Er muss den Zweck und die Umstände des beabsichtigten Aufenthalts belegen, und er muss über ausreichende Mittel zur Bestreitung des Lebensunterhalts sowohl für die Dauer des beabsichtigten Aufenthalts als auch für die Rückreise in den Herkunftsstaat oder für die Durchreise in einen Drittstaat, in dem seine Zulassung gewährleistet ist, verfügen oder in der Lage sein, diese Mittel rechtmäßig zu erwerben.

d) Er darf nicht im SIS zur Einreiseverweigerung ausgeschrieben sein.

e) Er darf keine Gefahr für die öffentliche Ordnung, die innere Sicherheit, die öffentliche Gesundheit oder die internationalen Beziehungen eines Mitgliedstaats darstellen und darf insbesondere nicht in den nationalen Datenbanken der Mitgliedstaaten zur Einreiseverweigerung aus denselben Gründen ausgeschrieben worden sein.

Lösungsvorschlag

Wie bereits oben festgestellt, handelt es sich um einen Drittstaatsangehörigen, welcher die Schengen-Außengrenze überschreitet. Die Einreisevoraussetzungen des Art. 6 I SGK sind zu prüfen.

- **Art. 6 I a SGK: Gültiges Reisedokument**

Der Chinese weist sich mit einem zeitlich gültigen und i. S. d. § 3 I AufenthG anerkannten chinesischen Reisepass aus. Es ist davon auszugehen, dass der Reisepass in den vergangenen zehn Jahren ausgestellt wurde. Somit sind die Voraussetzungen gem. Art. 6 I a SGK erfüllt.

- **Art. 6 I b SGK: Gültiges Visum**

Da der C für einen langfristigen Aufenthalt (über eine Außengrenze) einreisen möchte, kommt die EUVisaVO nicht zur Anwendung. Allerdings findet sich in Art. 6 I b SGK die Ausnahme für Inhaber eines gültigen Aufenthaltstitels. Dann erfolgt eine Befreiung von der Visapflicht. Der C ist im Besitz einer deutschen Aufenthaltserlaubnis, einem Aufenthaltstitel gem. Art 2 Nr. 16 SGK. Somit erfüllt C die Voraussetzung gem. Art. 6 I b SGK.

- **Art. 6 I c SGK: Anerkannter Zweck und ausreichende Mittel**

Der C wohnt in Deutschland und ist im Besitz einer deutschen Aufenthaltserlaubnis. Dieser Zweck ist vom Regelungsgehalt der Norm gedeckt. Der Nachweis finanzieller Mittel ist hier nicht erforderlich. Somit erfüllt C auch die Einreisevoraussetzung nach Art. 6 I c SGK.

- **Art. 6 I d SGK: Keine Ausschreibung im SIS**

Eine Ausschreibung im SIS zur Einreiseverweigerung liegt erkennbar nicht vor.

- **Art. 6 I e SGK: Keine Gefahr oder nationale Ausschreibung**

Der C stellt keine Gefahr dar und ist auch nicht national ausgeschrieben. Somit ist auch diese Voraussetzung erfüllt.

Ergebnis:

Insgesamt erfüllt der C die Einreisevoraussetzungen gem. Art. 6 I SGK. Er darf einreisen.

6. Freizügigkeitsrecht (Grundzüge)

Nachfolgend einige grundlegende Aspekte zum Freizügigkeitsrecht. Die Darstellung erfolgt mittels *Frage-Antwort-Systematik*.

Was ist die Unionsbürgerschaft ?

Gemäß Art. 20 I des Vertrages über die Arbeitsweise der Europäischen Union (AEUV) wird eine Unionsbürgerschaft eingeführt. Unionsbürger ist demnach, wer die Staatsangehörigkeit eines Mitgliedstaats besitzt. Die Unionsbürgerschaft **tritt zur nationalen Staatsbürgerschaft hinzu**, ersetzt sie aber nicht. Die Unionsbürger haben u. a. das Recht, sich im Hoheitsgebiet der Mitgliedstaaten frei zu bewegen und aufzuhalten (Art. 20 II a AEUV).

Welche Personengruppen fallen unter das Freizügigkeitsgesetz/EU (FreizügG/EU)?

Gemäß § 1 FreizügG/EU wird die Einreise und der Aufenthalt von **Staatsangehörigen anderer Mitgliedstaaten** der Europäischen Union (Unionsbürger) und ihrer Familienangehörigen geregelt. Durch § 12 FreizügG/EU gilt das FreizügG/EU auch für Staatsangehörige der EWR-Staaten (sog. **NIL-Staaten** – Norwegen, Island, Liechtenstein) und ihre Familienangehörigen.

Für Schweizer gilt das Freizügigkeitsabkommen EU-Schweiz (s. dazu auch § 28 AufenthV).

Welche vier Freizügigkeitsrechte gibt es?

Allgemeine Freizügigkeit Art. 21 AEUV (auch § 2 II Nr. 5 i.V.m § 4 I FreizügG/EU)	**Arbeitnehmerfreizügigkeit** Art. 45 AEUV (auch § 2 II Nr. 1 FreizügG/EU)
Dienstleistungsfreizügigkeit Art. 56 AEUV (auch § 2 II Nr. 3 und 4 FreizügG/EU)	**Niederlassungsfreizügigkeit** Art. 49 AEUV (auch § 2 II Nr. 2 FreizügG/EU)

Beispiel zur allgemeinen Freizügigkeit: Ein polnischer Staatsangehöriger reist nach Spanien, um dort zu leben.

Beispiel zur Arbeitnehmerfreizügigkeit: Ein belgischer Staatsangehöriger wandert nach Italien aus, um dort als Manager in einem Luxushotel zu arbeiten.

Beispiel zur Dienstleistungsfreizügigkeit: Ein finnischer Heizungsbauer (selbstständig) repariert in Stockholm (Schweden) die Heizung des Königspalastes.

Beispiele zur Niederlassungsfreizügigkeit: Ein deutscher Heizungsbauer (selbstständig) aus Saarbrücken gründet in Frankreich eine Niederlassung.

Die Unionsbürger haben ein Recht auf Einreise und Aufenthalt. Was versteht man darunter?

Unionsbürger

↓ ↓

• Benötigt **kein** Visum oder Aufenthaltstitel	• **Zweckunabhängiges** Reiserecht
§ 2 FreizügG/EU: (4) Unionsbürger bedürfen für die Einreise **keines Visums** und für den Aufenthalt **keines Aufenthaltstitels**.	**§ 2 FreizügG/EU:** (1) … Recht auf **Einreise und Aufenthalt** nach Maßgabe dieses Gesetzes. (2) Nr.5: nicht erwerbstätige Unionsbürger unter den Voraussetzungen des § 4, … (ausreichender KV-Schutz + Existenzmittel)

<u>Siehe auch:</u> Art. 2 Nr.5 SGK
= Anspruch auf freien Personenverkehr

Unionsbürger, die sich seit fünf Jahren ständig im Bundesgebiet aufgehalten haben, erlangen ein Daueraufenthaltsrecht nach § 4 a FreizügG/EU. Auf Antrag wird dem Unionsbürger gem. § 5 V FreizügG/EU sein Daueraufenthaltsrecht in Form einer Bescheinigung über das Daueraufenthaltsrecht ausgestellt.

Was versteht man unter dem abgeleiteten Freizügigkeitsrecht?

Grundbedingungen des abgeleiteten Freizügigkeitsrechts
1.) Unionsbürger reist in ein **anderes EU-Land** und macht von seinem Freizügigkeitsrecht Gebrauch 2.) **mit- oder nachreisende** Familienangehörige können die Freizügigkeit von dem Unionsbürger **<u>ableiten.</u>** (§ 3 I FreizügG/EU)

Beispiel: Der tschechische Staatsangehörige M und seine nigerianische Ehefrau F werden (zusammen) bei der Einreise am Flughafen Hamburg festgestellt. Sie sind lediglich im Besitz von Reisepässen. Sie geben an, von nun an in Deutschland leben zu wollen.

Ergebnis: Ihnen ist gemeinsam die Einreise zu gestatten.

- Gemäß § 2 IV S. 2 FreizügG/EU bedürfen Familienangehörige, die das abgeleitete Freizügigkeitsrecht wahrnehmen, für die Einreise über die Außengrenze eines Visums, wenn sie Negativstaater sind (Anhang 1 EU VisaVO).
- Das Visum ist vor der Einreise bei der Botschaft/dem Konsulat einzuholen und enthält unter Bemerkungen den Vermerk „Familienangehöriger eines Unionsbürgers/EWR-Bürgers".
- Dieses Visum stellt allerdings keine eigentliche Einreiseerlaubnis dar, sondern eher eine Art Statusnachweis (deklaratorischer Aufenthaltstitel).

Was versteht man unter dem abgeleiteten Freizügigkeitsrecht?

In § 3 II FreizügG/EU sind diejenigen Familienangehörigen aufgelistet, die das Freizügigkeitsrecht ableiten können:

Familienangehörige sind

1. der **Ehegatte**, der **Lebenspartner** und die **Verwandten** in gerader absteigender Linie (z. B. Kinder, Enkel) der in § 2 Abs. 2 Nr. 1 bis 5 und 7 genannten Personen **oder ihrer Ehegatten** oder Lebenspartner, **die noch nicht 21 Jahre alt sind**,
2. die **Verwandten** in gerader aufsteigender und in gerader absteigender Linie der in § 2 Abs. 2 Nr. 1 bis 5 und 7 genannten Personen **oder ihrer Ehegatten** oder Lebenspartner, denen diese Personen oder ihre Ehegatten oder Lebenspartner Unterhalt gewähren.

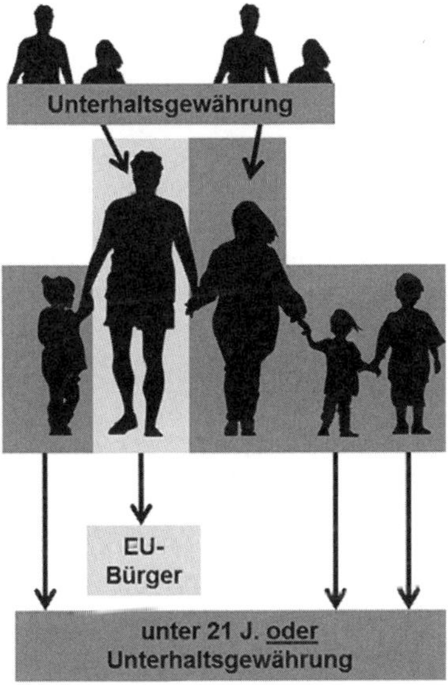

Unter welchen Voraussetzungen kann das Freizügigkeitsrecht beschränkt werden?

Gemäß § 6 I, II FreizügG/EU kann das Freizügigkeitsrecht nur aus Gründen der öffentlichen Ordnung, Sicherheit oder Gesundheit beschränkt werden.

Das kann zum Beispiel dann der Fall sein, wenn Unionsbürger falsche Angaben über ein Arbeitsverhältnis gemacht haben und stattdessen in erheblichem Umfang Sozialleistungen in Anspruch nehmen. Gleiches gilt für sog. Scheinehen oder Scheinvaterschaften.[21]

21 Entnommen aus: https://www.bmi.bund.de/SharedDocs/faqs/DE/themen/migration/freizuegigkeit/freizuegigkeit-liste.html (zuletzt abgerufen am 22. Mai 2020).

7. Straftaten im AufenthG

7.1 Unerlaubte Einreise und unerlaubter Aufenthalt (§ 95 AufenthG)

Sachverhalt:
BPOLI Forst: Im 30 km-Bereich kontrollieren Sie im Rahmen einer verdachtsunabhängigen Kontrolle ein Kfz mit polnischen Kennzeichen. Im Fahrzeug sitzt ein chinesischer Staatsangehöriger. Dieser weist sich Ihnen gegenüber mit einem chinesischen Reisepass aus. Visum oder Aufenthaltstitel kann er nicht vorzeigen.

Aufgabe: Prüfen Sie, ob sich der chinesische Staatsangehörige strafbar gemacht hat. Gehen Sie nur auf den bzw. die Tatbestände ein. Die Rechtswidrigkeit und die Schuld können als gegeben vorausgesetzt werden.

Gesetzestext (Auszug)

(Hervorhebungen durch die Verfasser)

§ 95 AufenthG (Strafvorschriften)

(1) Mit Freiheitsstrafe bis zu einem Jahr oder mit Geldstrafe wird bestraft, wer

[…]

2. ohne erforderlichen Aufenthaltstitel nach § 4 Absatz 1 Satz 1 sich im Bundesgebiet aufhält, wenn
   a) er vollziehbar ausreisepflichtig ist,
   b) ihm eine Ausreisefrist nicht gewährt wurde oder diese abgelaufen ist und
   c) dessen Abschiebung nicht ausgesetzt ist,
3. entgegen § 14 Abs. 1 Nr. 1 oder 2 in das Bundesgebiet einreist,

[…]

TBM[22]-Struktur (inkl. Definitionen[23])

Die nachfolgende TBM-Struktur beinhaltet zwei Strafaten:

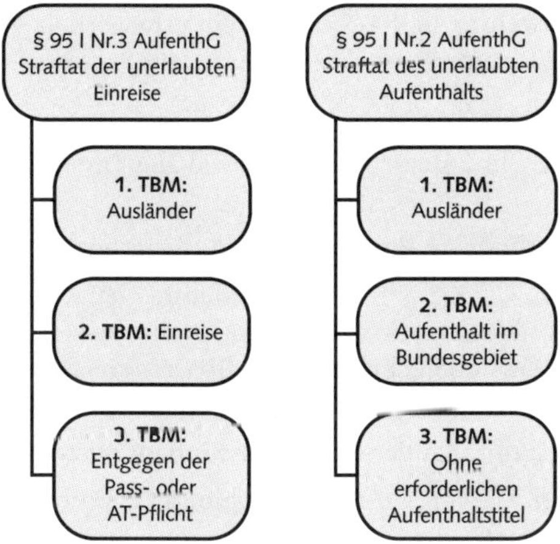

TBM-Struktur: § 95 I Nr. 3 AufenthG – Straftat der unerlaubten Einreise

1. TBM – Ausländer

Definition: Drittstaatsangehöriger ist jede Person, die weder Unions-/EWR-Bürger noch Staatsangehöriger der Schweiz ist und kein abgeleitetes Freizügigkeitsrecht in Anspruch nehmen kann, s. auch Art. 2 Nr. 6 Schengener Grenzkodex (SGK).

Erläuterung: Als Täter kommt grundsätzlich nur der Drittausländer[24] in Betracht. Die Taten sind nicht durch EU- oder EWR-Staatsangehörige begehbar, da es an einem Verweis in § 11 I FreizügG/EU fehlt. Als Teilnehmer (= Anstiftung und Beihilfe gem. §§ 26, 27

22 Abkürzung für Tatbestandsmerkmale.

23 Entnommen aus: *Lerm/Lambiase*, Einsatzrecht kompakt – Definitionswissen für die Fachausbildung, Laufbahnprüfung erfolgreich bestehen, erschienen im RICHARD BOORBERG VERLAG.

24 = auch Drittstaatsangehörige genannt.

StGB) kommt Jedermann (z. B. auch der deutsche Staatsangehörige) in Betracht.

Hinweis: Eine ausführliche Subsumtion wird hier bei der Sachverhaltsbeurteilung in aller Regel nicht erforderlich sein. Von daher genügt hier eine kurze Feststellung laut Sachverhalt.

2. TBM – Einreise

Hier müssen Sie unterscheiden, an welcher Grenze der Sachverhalt spielt.

- **1. Möglichkeit: An der Schengen-Außengrenze**

  Definition: Gemäß § 13 II S. 1 AufenthG ist ein Ausländer an einer zugelassenen Grenzübergangsstelle erst eingereist, wenn er die Grenze überschritten und die Grenzübergangsstelle passiert hat.

- **2. Möglichkeit: An der Schengen-Binnengrenze**

  Definition: Gemäß § 13 II S. 3 AufenthG ist ein Ausländer an einer Schengen-Binnengrenze eingereist, wenn er die Grenzlinie überschritten hat.

3. TBM – Entgegen der Passpflicht gem. § 14 I Nr. 1 AufenthG oder entgegen der AT-Pflicht gem. § 14 I Nr. 2 AufenthG

- **Entgegen der Passpflicht gem. § 14 I Nr. 1 AufenthG:**

  Definition: Gemäß § 3 I AufenthG muss ein Ausländer für die Einreise in das Bundesgebiet einen anerkannten und gültigen Pass oder Passersatz besitzen, es sei denn, die AufenthV (§ 14 AufenthV) bestimmt etwas Anderes.

  Prüfungsreihenfolge (Hilfsfragen):
  - Verfügt die Person über einen gültigen und anerkannten Pass/Passersatz?
  - Besitzt die Person diesen Pass/Passersatz? *(Beachte die Abgrenzung Besitz – bloßes Nicht-Mitführen)*
  - Existiert eine nationale Befreiung von der Passpflicht?
  - Ergebnis

Beachte: Ein Verstoß gegen die Mitführpflicht beim Grenzübertritt stellt (nur) eine Ordnungswidrigkeit gem. § 98 III Nr. 3 AufenthG dar.

oder

- **Entgegen der AT-Pflicht gem. § 14 I Nr. 2 AufenthG:**

  Definition: Gemäß § 4 I AufenthG benötigt grundsätzlich jeder Ausländer für die Einreise einen Aufenthaltstitel, es sei denn, das EU-Recht oder die AufenthV bestimmen etwas Anderes.

  Prüfungsreihenfolge:
  - Benötigt die Person einen Aufenthaltstitel? (Bezug zur EU-VisaVO → Positiv-/Negativstaater)
  - Besitzt die Personen diesen Aufenthaltstitel? (Beachte die Abgrenzung Besitz – bloßes Nicht-Mitführen)
  - Besteht eine nationale Befreiung von der AT-Pflicht?
  - Ergebnis

TBM-Struktur: § 95 I Nr. 2 AufenthG – Straftat des unerlaubten Aufenthalts

1. TBM – Ausländer

Definition: Drittstaatsangehöriger ist jede Person, die weder Unions-/EWR-Bürger noch Staatsangehöriger der Schweiz ist und kein abgeleitetes Freizügigkeitsrecht in Anspruch nehmen kann, s. auch Art. 2 Nr. 6 Schengener Grenzkodex (SGK).

Erläuterung: Als Täter kommt grundsätzlich nur der Drittausländer[25] in Betracht. Die Taten sind nicht durch EU- oder EWR-Staatsangehörige begehbar, da es an einem Verweis in § 11 I FreizügG/EU fehlt. Als Teilnehmer (= Anstiftung und Beihilfe gem. §§ 26, 27 StGB) kommt Jedermann (z. B. auch der deutsche Staatsangehörige) in Betracht.

25 = auch Drittstaatsangehörige genannt.

Hinweis: Eine ausführliche Subsumtion wird hier bei der Sachverhaltsbeurteilung in aller Regel nicht erforderlich sein. Von daher genügt hier eine kurze Feststellung laut Sachverhalt.

2. TBM – Aufenthalt im Bundesgebiet

Definition: Der Ausländer hält sich im Bundesgebiet auf, wenn er gem. § 13 II AufenthG vollendet eingereist ist.

3. TBM – Ohne erforderlichen Aufenthaltstitel, § 4 I AufenthG

Definition: Ein Ausländer macht sich des unerlaubten Aufenthalts strafbar, wenn er sich ohne erforderlichen Aufenthaltstitel nach § 4 I S. 1 AufenthG im Bundesgebiet aufhält, sofern:

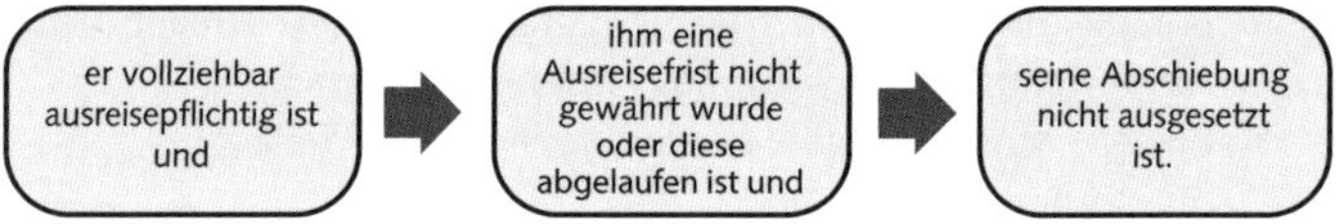

Beachte: Alle drei genannten Punkte müssen erfüllt sein.

Hinweise zu den Definitionen

- **Aufenthalt entgegen der AT-Pflicht (§ 4 I AufenthG)**

  Definition: Gemäß § 4 I AufenthG benötigt grundsätzlich jeder Ausländer für den Aufenthalt einen Aufenthaltstitel, es sei denn, das EU-Recht oder die AufenthV bestimmen etwas Anderes. Der Ausländer muss den Aufenthaltstitel lediglich besitzen.

- **Vollziehbare Ausreisepflicht**

  Definition: Ein Ausländer ist gem. § 50 I AufenthG zur Ausreise verpflichtet, wenn er einen erforderlichen Aufenthaltstitel nicht oder nicht mehr besitzt. Die Ausreisepflicht ist gem. § 58 II S. 1 AufenthG *vollziehbar*, wenn er u. a. unerlaubt eingereist ist.

- **Ausreisefrist wurde nicht gewährt oder ist abgelaufen**

  Bei diesem Merkmal erfolgt in der Regel keine ausführliche Subsumtion, sondern nur eine kurze Feststellung am Sachverhalt.

- **Abschiebung ist nicht ausgesetzt**

  Definition: Der Ausländer darf keine Duldung[26] besitzen. Auch hier nur kurz am Sachverhalt erkennen und feststellen.

Formulierungsvorschlag

Der chinesische Staatsangehörige könnte den Tatbestand der unerlaubten Einreise gem. § 95 I Nr. 3 AufenthG und des unerlaubten Aufenthalts gem. § 95 I Nr. 2 AufenthG erfüllt haben.

A. Prüfung der unerlaubten Einreise (§ 95 I Nr. 3 AufenthG)

1. TBM – Ausländer:

Der Chinese ist Drittstaatsangehöriger und damit Ausländer, da er weder Unions-/EWR-Bürger noch Staatsangehöriger der Schweiz ist und kein abgeleitetes Freizügigkeitsrecht in Anspruch nehmen kann, s. auch Art. 2 Nr. 6 Schengener Grenzkodex (SGK).

2. TBM – Einreise:

Gemäß § 13 II S. 3 AufenthG ist ein Ausländer an einer Schengen-Binnengrenze eingereist, wenn er die Grenzlinie überschritten hat. Laut Sachverhalt ist er gerade mit seinem Fahrzeug aus Polen kommend in das Bundesgebiet gelangt. Polen und Deutschland verbindet eine Schengen-Binnengrenze, somit ist der Chinese mit Überschreiten der Grenzlinie bereits vollendet eingereist.

---

26 Rechtsgrundlage ist § 60a AufenthG: Die (vorübergehende) Aussetzung der Abschiebung lässt den Tatbestand des Aufenthalts ohne erforderlichen AT entfallen. Gemäß § 60a II AufenthG ist die Abschiebung eines Ausländers auszusetzen, solange die Abschiebung aus tatsächlichen oder rechtlichen Gründen unmöglich ist und keine Aufenthaltserlaubnis erteilt wird.

3. TBM – Entgegen der Passpflicht gem. § 14 I Nr. 1 AufenthG oder entgegen der AT-Pflicht gem. § 14 I Nr. 2 AufenthG

Entgegen der AT-Pflicht gem. § 14 I Nr. 2 AufenthG:

Gemäß § 4 I AufenthG benötigt grundsätzlich jeder Ausländer für die Einreise einen Aufenthaltstitel, es sei denn, das EU-Recht oder die AufenthV bestimmen etwas Anderes.

Für einen Kurzaufenthalt unterliegt der Chinese der Visumpflicht nach Art. 1 und Art.3 i. V. m. Anlage I EUVisaVO. Eine nationale Befreiung nach der AufenthV für einen kurzfristigen oder längerfristigen Aufenthalt ist nicht ersichtlich. Damit bestimmen weder EU-Recht noch die AufenthV etwas Anderes als § 4 AufenthG. Folglich benötigt er für die Einreise und den Aufenthalt einen AT. Einen AT kann er jedoch nicht vorweisen.

Somit ist der Chinese unerlaubt im Sinne des § 14 I Nr. 2 AufenthG eingereist.

Somit ist der Tatbestand des § 95 Abs. 1 Nr. 3 AufenthG erfüllt.

B. Prüfung des unerlaubten Aufenthaltes (§ 95 I Nr. 2 AufenthG)

1. TBM – Ausländer:

Der Chinese ist, wie oben bereits dargestellt, Drittstaatsangehöriger und damit Ausländer.

Klausurhinweis: Mit Verweisen auf bereits getätigte Würdigungen sollte man grundsätzlich vorsichtig sein. Jedoch ist es hier möglich und sinnvoll, da die Prüfung der Strafbarkeit in einer Einheit (d. h. in einer in sich geschlossenen Aufgabe) erfolgt.

2. TBM – Aufenthalt im Bundesgebiet

Der Ausländer hält sich im Bundesgebiet auf, wenn er gem. § 13 II AufenthG vollendet eingereist ist. Der Chinese ist an der Schengen-Binnengrenze (hier zu Polen) mit dem Überschreiten der Grenzlinie bereits vollendet eingereist und hält sich somit im Bundesgebiet auf.

3. TBM – Ohne erforderlichen Aufenthaltstitel, § 4 I AufenthG

Ein Ausländer macht sich des unerlaubten Aufenthalts strafbar, wenn er sich ohne erforderlichen Aufenthaltstitel nach § 4 I S. 1 AufenthG im Bundesgebiet aufhält, sofern:

- er vollziehbar ausreisepflichtig ist *und*
- ihm eine Ausreisefrist nicht gewährt wurde oder diese abgelaufen ist *und*
- seine Abschiebung nicht ausgesetzt ist.

- **Aufenthalt entgegen der AT-Pflicht (§ 4 I AufenthG)**

  Wie bereits oben geprüft, unterliegt der Chinese der Aufenthaltstitelpflicht und kann keinen Aufenthaltstitel vorweisen bzw. eine Befreiung in Anspruch nehmen. Es handelt sich demnach um einen Aufenthalt entgegen der AT-Pflicht (§ 4 I AufenthG).

- **vollziehbare Ausreisepflicht**

  Ein Ausländer ist gem. § 50 I AufenthG zur Ausreise verpflichtet, wenn er einen erforderlichen Aufenthaltstitel nicht oder nicht mehr besitzt. Die Ausreisepflicht ist gem. § 58 II S. 1 AufenthG *vollziehbar*, wenn er u. a. unerlaubt eingereist ist. Da der Chinese keinen Aufenthaltstitel besitzt, ist er nach § 50 I AufenthG ausreisepflichtig. Die Ausreispflicht ist nach § 58 II Nr. 1 AufenthG auch vollziehbar, da er – wie geprüft – unerlaubt eingereist ist.

- **Ausreisefrist wurde nicht gewährt <u>oder</u> ist abgelaufen**

  Eine Gewährung einer Ausreisefrist durch andere Behörden ist nicht ersichtlich.

- **Abschiebung ist nicht ausgesetzt**

  Da er keine Duldung besitzt, Anhaltspunkte für tatsächliche oder rechtliche Abschiebungshindernisse gem. § 60 AufenthG laut Sachverhalt nicht vorliegen, sind keine Anhaltspunkte vorhanden, dass die Abschiebung ausgesetzt wurde.

Somit ist der Tatbestand des § 95 Abs. 1 Nr. 2 AufenthG erfüllt.

Die Rechtswidrigkeit und die Schuld sind lt. Aufgabenstellung als gegeben vorauszusetzen.

Gesamtergebnis

Somit hat sich die Person nach § 95 I Nr. 3, I Nr. 2 AufenthG der unerlaubten Einreise und des unerlaubten Aufenthalts strafbar gemacht.

7.2 Einschleusen von Ausländern (§ 96 AufenthG)

Sachverhalt:

BPOLI Forst: Sie kontrollieren im 30 km-Bereich ein Kfz mit französischem Kennzeichen. Dieses hat soeben die Grenze von Polen nach Deutschland überquert. Der Fahrer ist ein französischer Staatsangehöriger, der sich mit einem echten und gültigen französischen Reisepass ausweisen kann. Im Auto sitzen noch drei weitere Personen. Auf Nachfrage deuten die Personen Ihnen an, Ihre Fragen nicht zu verstehen. Die drei Personen können sich nicht ausweisen. Im Rahmen einer Durchsuchung des Kfz finden Sie Bargeld i. H. v. 2.000 Euro sowie (unter dem Fahrersitz) drei echte und gültige russische Reisepässe der drei im Auto sitzenden Personen. Gültige Visa bzw. Aufenthaltstitel besitzen die Personen nicht.

Im Rahmen der Vernehmung gibt der französische Staatsangehörige (Fahrer) an, den Auftrag erhalten zu haben, die drei Personen nach Hamburg zu fahren und dort am Hauptbahnhof abzusetzen. Den Auftrag habe er telefonisch von einer Person erhalten, die sich *Sergej* nennt. Für diese Leistung habe er den o. g. Geldbetrag erhalten.

Aufgabe:

Prüfen Sie, ob sich der französische Staatsangehörige strafbar gemacht hat. Zu prüfen ist nur der Tatbestand. Die Haupttat (unerlaubte Einreise und unerlaubter Aufenthalt) der drei russischen Staatsangehörigen kann als gegeben betrachtet werden. Der § 96 II AufenthG ist nicht zu prüfen.

Gesetzestext (Auszug)

(Hervorhebungen durch die Verfasser)

§ 96 AufenthG (Einschleusen von Ausländern)

(1) Mit Freiheitsstrafe von drei Monaten bis zu fünf Jahren, in minder schweren Fällen mit Freiheitsstrafe bis zu fünf Jahren oder mit Geldstrafe wird bestraft, wer einen anderen anstiftet oder ihm dazu Hilfe leistet, eine Handlung

1. nach § 95 Abs. 1 Nr. 3 oder Abs. 2 Nr. 1 Buchstabe a zu begehen und
   a) dafür einen Vorteil erhält oder sich versprechen lässt oder
   b) wiederholt oder zugunsten von mehreren Ausländern handelt oder
2. nach § 95 Abs. 1 Nr. 1 oder Nr. 2, Abs. 1a oder Abs. 2 Nr. 1 Buchstabe b oder Nr. 2 zu begehen und dafür einen Vermögensvorteil erhält oder sich versprechen lässt.

TBM-Struktur (inkl. Definitionen[27])

TBM-Struktur: § 96 I Nr. 1 AufenthG

Die nachfolgende (kleine) Grafik umfasst sowohl die Nr. 1a (Vorteil erhalten oder sich versprechen lassen) als auch die Nr. 1b (wiederholt oder zugunsten mehrerer Ausländer).

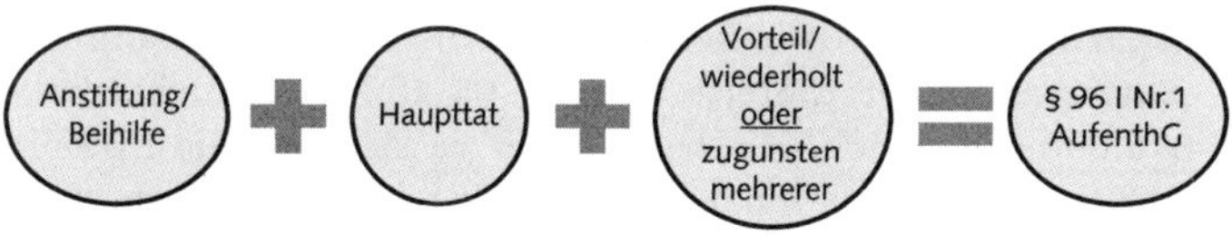

27 Entnommen aus: *Lerm/Lambiase*, Einsatzrecht kompakt – Definitionswissen für die Fachausbildung, Laufbahnprüfung erfolgreich bestehen, erschienen im RICHARD BOORBERG VERLAG.

1. TBM – Anstiftung oder Beihilfe (§§ 26, 27 StGB)

Definition: Anstiftung liegt vor, wenn die Einwirkung des Anstifters für den Tatentschluss des Haupttäters (*hier der, der unerlaubt einreist*) zumindest mitursächlich war.

Definition: Beihilfe leistet, wer psychisch, physisch oder in sonstiger Weise derart unterstützt, dass diese Handlung (*hier die unerlaubte Einreise*) begangen wird oder begangen werden kann.

Beispiele für typische Beihilfehandlungen:

- Beschaffung von gefälschten Dokumenten
- Befördern über die Grenze
- Abholen im Grenzgebiet
- Zusammenführen mit anderen Personen
- Beschaffen von Unterkünften

2. TBM – Zur unerlaubten Einreise (Haupttat)

- **Unerlaubte Einreise, § 95 I Nr. 3 AufenthG:**

  Zum einen ist die Beihilfe- bzw. die Anstiftungshandlung zur unerlaubten Einreise gem. § 95 I Nr. 3 AufenthG möglich. Es handelt sich um eine unerlaubte Einreise (=Haupttat) entgegen der Pass- oder/und Aufenthaltstitelpflicht (§ 14 I Nr. 1 oder Nr. 2 AufenthG).

- **Unerlaubte Einreise, § 95 II Nr. 1 AufenthG:**

  Zum anderen wäre die Beihilfe- bzw. die Anstiftungshandlung zur unerlaubten Einreise gem. § 95 II Nr. 1 Buchstabe a AufenthG möglich. Hierbei handelt es sich um die Einreise entgegen einer nationalen Wiedereinreisesperre nach § 11 I AufenthG.

Hinweis für die Sachverhaltsbeurteilung: Je nachdem, was die Aufgabenstellung verlangt, kann ggf. die Haupttat (unerlaubte Einreise) als gegeben betrachtet werden oder diese wurde in einer anderen Aufgabe bereits geprüft. An dieser Stelle genügt ein kurzer Verweis. Geht aus der Aufgabenstellung nichts Derartiges hervor, so ist die komplette Prüfung der Tatbestände vorzunehmen.

3. TBM – Vorteil erhalten/sich versprechen lassen oder wiederholt oder zugunsten von mehreren Ausländern handeln

§ 96 I AufenthG enthält in den Nummern 1a und 1b mehrere Schleusermerkmale. Es reicht für die Verwirklichung des Tatbestandes aus, wenn eines dieser Merkmale vorliegt (Formulierung *„oder"*).

- **§ 96 I Nr. 1a AufenthG:** Vorteil erhalten *oder* sich versprechen lassen

  Definition: Unter einem Vorteil i. S. d. § 96 I Nr. 1 AufenthG versteht man jede unentgeltliche Leistung materieller oder immaterieller Art, die den Täter besserstellt und auf die er keinen rechtlich begründeten Anspruch hat.

oder

- **§ 96 I Nr. 1b AufenthG:** Wiederholt *oder* zugunsten von mehreren Ausländern

  Definition: **Wiederholt** handelt derjenige, der mindestens eine zweite Tathandlung begeht.

oder

Definition: **Zugunsten von mehreren Ausländern** handelt, wer zwei oder mehrere Ausländer anstiftet oder ihnen hilft.

TBM-Struktur: § 96 I Nr. 2 AufenthG

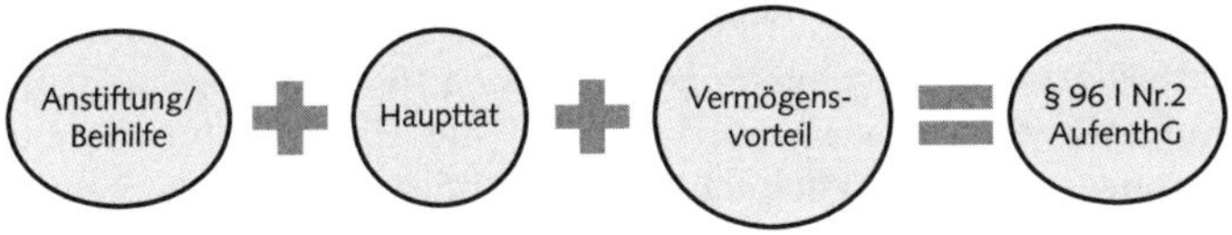

1. TBM – Anstiftung oder Beihilfe (§§ 26, 27 StGB)

Definition: Anstiftung liegt vor, wenn die Einwirkung des Anstifters für den Tatentschluss des Haupttäters (*hier der, der sich unerlaubt aufhält*) zumindest mitursächlich war.

Definition: Beihilfe leistet, wer psychisch, physisch oder in sonstiger Weise derart unterstützt, dass diese Handlung (*hier der unerlaubte Aufenthalt*) begangen wird oder begangen werden kann.

2. TBM – Zum unerlaubten Aufenthalt

- Zum unerlaubten Aufenthalt gem. § 95 I Nr. 1 AufenthG (unerlaubter Aufenthalt entgegen der Passpflicht)

  oder

- Zum unerlaubten Aufenthalt gem. § 95 I Nr. 2 AufenthG (unerlaubter Aufenthalt entgegen der AT-Pflicht)

  oder

- Zum unerlaubten Aufenthalt gem. § 95 I Buchstabe a AufenthG (Aufnahme einer unerlaubten Erwerbstätigkeit mit einem Schengen-Visum)

  oder

- Zum unerlaubten Aufenthalt gem. § 95 II Nr. 1 Buchstabe b AufenthG (Aufenthalt entgegen der nationalen Wiedereinreisesperre nach § 11 I AufenthG)

  oder

- Zum unerlaubten Aufenthalt gem. § 95 II Nr. 2 AufenthG (Erschleichen eines Aufenthaltstitels oder einer Duldung)

Hinweis für die Sachverhaltsbeurteilung: Je nachdem, was die Aufgabenstellung verlangt, kann ggf. die Haupttat (unerlaubte Einreise) als gegeben betrachtet werden oder diese wurde in einer anderen Aufgabe bereits geprüft. An dieser Stelle genügt ein kurzer Verweis. Geht aus der Aufgabenstellung nichts Derartiges hervor, so ist die komplette Prüfung der Tatbestände vorzunehmen.

3. TBM – Vermögensvorteil erhalten oder sich versprechen lassen

Definition: Unter einem Vermögensvorteil versteht man jede günstigere Gestaltung der Vermögenslage, die der Täter noch nicht erhalten haben muss (*versprechen lassen* genügt).

Folgende Beispiele lassen sich nennen:

- Zahlung von Geld
- Arbeitsleistung (auch Prostitution) für den Schleuser
- Verlangen von Dienstleistungen wie z. B. das Mitnehmen von Schmuggelware, Rauschgift/Waffen über die Grenze
- Erlass von Schulden

Formulierungsvorschlag

Der französische Staatsangehörige könnte den Tatbestand der Einschleusung von Ausländern nach den §§ 96 I Nr. 1 a und b sowie 96 I Nr. 2 AufenthG erfüllt haben.

A. Prüfung – § 96 I Nr. 1 a und b AufenthG

Der französische Staatsangehörige (F) könnte sich in Bezug auf die drei russischen Staatsangehörigen der Schleusung gem. § 96 Abs. 1 Nr. 1 a und b und Nr. 2 AufenthG strafbar gemacht haben.

1. TBM – Anstiftung oder Beihilfe

Beihilfe leistet, wer psychisch, physisch oder in sonstiger Weise derart unterstützt, dass diese Handlung (*hier die unerlaubte Einreise gem. § 95 I Nr. 3 AufenthG*) begangen wird oder begangen werden kann.

Der F hat die Personen mittels Kfz über die Grenze gefahren und sollte diese in Hamburg absetzen. Somit hat er Hilfe zur Einreise geleistet.

2. TBM – Zur unerlaubten Einreise (Haupttat)

Laut Aufgabenstellung sind die drei russischen Staatsangehörigen unerlaubt eingereist (ohne erforderlichen Aufenthaltstitel). Somit liegt eine Haupttat gem. § 95 I Nr. 3 AufenthG vor.

3. TBM – Vorteil erhalten/sich versprechen lassen oder wiederholt oder zugunsten von mehreren Ausländern handeln.

- **§ 96 I Nr. 1a AufenthG**: Vorteil erhalten

  Unter einem Vorteil i. S. d. § 96 I Nr. 1 AufenthG versteht man jede unentgeltliche Leistung materieller oder immaterieller Art, die den Täter besserstellt und auf die er keinen rechtlich begründeten Anspruch hat. Für das Fahren hat er von der Person, die sich Sergej nennt, einen Geldbetrag von 2.000 Euro erhalten. Das Geld wurde unter dem Fahrersitz gefunden. Somit hat der F einen Vorteil erhalten.

- **§ 96 I Nr. 1b AufenthG**: Zugunsten von mehreren Ausländern

  Zugunsten von mehreren Ausländern handelt, wer zwei oder mehrere Ausländer anstiftet oder ihnen hilft. Der F hat insgesamt drei Personen über die Grenze gefahren. Somit handelte er zugunsten von mehreren Ausländern.

B. Prüfung – § 96 I Nr. 2 AufenthG

1. TBM – Anstiftung oder Beihilfe (§§ 26, 27 StGB)

Wie beim Tatbestand des § 96 I Nr. 1 a und b AufenthG oben bereits geprüft, hat der F durch das Befördern der drei russischen Staatsangehörigen eine Beihilfehandlung begangen.

2. TBM – Zum unerlaubten Aufenthalt

In Betracht kommt hier die Haupttat des unerlaubten Aufenthalts gem. § 95 I Nr. 2 AufenthG (unerlaubter Aufenthalt entgegen der AT-Pflicht) in Bezug auf die drei russischen Staatsangehörigen. Diese ist laut Aufgabenstellung als gegeben zu betrachten.

3. TBM – Vermögensvorteil erhalten oder sich versprechen lassen

Unter einem Vermögensvorteil versteht man jede günstigere Gestaltung der Vermögenslage, die der Täter noch nicht erhalten haben muss (*versprechen lassen* genügt). Der F hat für den Transport über die Grenze bis nach Hamburg (Bestimmungsort) einen Geldbetrag i. H. v. 2.000 Euro von einer Person erhalten, die sich Sergej nennt. Somit hat der F einen Vermögensvorteil für die Hilfe zum unerlaubten Aufenthalt erhalten.

Insgesamt sind die Tatbestände des § 96 Abs. 1 Nr. 1 a und b und Abs. 2 AufenthG erfüllt.

Rechtswidrigkeit und Schuld sind laut Aufgabenstellung als gegeben zu betrachten.

Ergebnis: F hat sich gem. § 96 Abs. 1 Nr. 1 a und b und Abs. 2 AufenthG strafbar gemacht.

Am Ende wird alles gut.
Und wenn es nicht gut ist, ist es noch nicht das Ende.
Oscar Wilde

Kapitel 2 – Allgemeine Straftaten (StGB)

Im Rahmen der allgemeinen Straftaten wird im zweiten Ausbildungsjahr auch der Hausfriedensbruch gem. § 123 StGB angesprochen. Die Würdigung dieser Straftat hat bereits in der Grundausbildung stattgefunden. Deswegen erfolgt hier keine weitere Würdigung. In dem im Richard Boorberg Verlag erschienenen Buch LERM/LAMBIASE, *Einsatzrecht kompakt, Sachverhaltsbeurteilung leicht gemacht, Zwischenprüfung erfolgreich bestehen*, findet sich eine Darstellung der Voraussetzungen, der Definitionen sowie der Sachverhaltsbeurteilung.

1. Raub (§ 249 StGB)

Sachverhalt aus dem bahnpolizeilichen Aufgabenbereich:
BPOLI Hamburg: Sie bestreifen gemeinsam mit Ihrem Kollegen die Bahnhofshalle, als Sie laute Hilferufe vernehmen. Sie sehen, wie eine männliche, ca. 20 Jahre alte Person versucht, einer älteren Dame die Handtasche von der Schulter zu reißen. Die ältere Dame D hält die Tasche jedoch am Tragegriff fest. Plötzlich versetzt der junge Mann M der Dame einen heftigen Schlag gegen den Oberkörper, woraufhin die D ihre Handtasche loslässt.

M enteilt mit der Tasche in den Händen in Richtung S-Bahn-Ebene. Sie und Ihr Kollege nehmen die Verfolgung auf und können die Person noch an der Rolltreppe stellen.

Bei der Vernehmung gibt die männliche Person an, dass sie über keinerlei finanzielle Mittel verfügt und dringend Bargeld benötigt, um sich die nächsten Tage mit Lebensmitteln zu versorgen.

Aufgabe:
Prüfen Sie die Strafbarkeit der männlichen Person hinsichtlich des Eigentumsdelikts.

Gesetzestext (Auszug)

§ 249 StGB (Raub)

(1) Wer mit Gewalt gegen eine Person oder unter Anwendung von Drohungen mit gegenwärtiger Gefahr für Leib oder Leben eine fremde bewegliche Sache einem anderen in der Absicht wegnimmt, die Sache sich oder einem Dritten rechtswidrig zuzueignen, wird mit Freiheitsstrafe nicht unter einem Jahr bestraft.

(2) In minder schweren Fällen ist die Strafe Freiheitsstrafe von sechs Monaten bis zu fünf Jahren.

Der Tatbestand des Raubes ist in Prüfungen ein Delikt, mit dem man viele Leistungspunkte sammeln kann. Hinsichtlich der Tatbestandsvoraussetzungen baut er auf dem Diebstahl (§ 242 StGB) auf – dieser wurde umfassend in der Grundausbildung unterrichtet.

1.1 Einordnung des Deliktes

Geschütztes Rechtsgut:	Eigentum und Gewahrsam sowie die persönliche Freiheit
Deliktscharakter:	Verbrechen
Deliktsart:	Offizialdelikt
Versuch:	Versuch ist strafbar
Rechtsfolge:	Freiheitsstrafe nicht unter 1 Jahr

1.2 TBM-Struktur (inkl. Definitionen[28])

Zu prüfende TBM im Überblick:

1. Sache
2. Fremd
3. Beweglich
4. Wegnahme (Gewahrsam, Bruch fremden Gewahrsams, Begründung neuen Gewahrsams)
5. Absicht rechtswidriger Zueignung (Enteignungswille, Aneignungsabsicht, Rechtswidrigkeit der Zueignung)
6. Einsatz eines Raubmittels
7. Finalzusammenhang

1. TBM: Sache

Eine Sache i. S. d. § 90 BGB ist jeder körperliche Gegenstand, unabhängig von seinem Aggregatzustand.

28 Die Definitionen für den § 242 StGB sind entnommen aus: *Lerm/Lambiase*, Einsatzrecht kompakt – Definitionswissen für die Grundausbildung, Zwischenprüfung erfolgreich bestehen, erschienen im RICHARD BOORBERG VERLAG.

2. TBM: Fremd

Fremd ist eine Sache, wenn sie nicht im Alleineigentum des Täters steht und nicht herrenlos ist.

3. TBM: Beweglich

Beweglich ist eine Sache, wenn diese tatsächlich fortgeschafft werden kann.

4. TBM: Wegnahme

Wegnahme ist der **Bruch** fremden und die **Begründung** neuen **Gewahrsams**.

Hinweis: Es sind nun folgende drei Merkmale zu prüfen.

- **Gewahrsam**: ist die vom Herrschaftswillen getragene tatsächliche Sachherrschaft über die Sache.
- **Bruch fremden Gewahrsams**: ist die Aufhebung der tatsächlichen Sachherrschaft ohne Zustimmung des bisherigen Inhabers.
- **Begründung neuen Gewahrsams**: liegt vor, wenn der Täter die Sachherrschaft derart erlangt hat, dass er sie ungehindert ausüben kann.

5. TBM: Absicht rechtswidriger Zueignung

Die Zueignungsabsicht ist die Absicht des Täters, den Eigentümer einer Sache zu enteignen und sich selbst oder einem Dritten die Sache anzueignen.

Hinweis: Es sind nun folgende drei Merkmale zu prüfen.

- **Enteignungswille**: liegt vor, wenn der Täter zumindest billigend in Kauf nimmt, dass der Eigentümer auf Dauer von der Sache ausgeschlossen wird.
- **Aneignungsabsicht**: Hierbei kommt es dem Täter darauf an, sich (oder einen Dritten) zumindest vorübergehend an die Position des Eigentümers zu setzen, um die Sache beliebig – insbesondere wirtschaftlich – nutzen zu können.

- **Rechtswidrigkeit der Zueignung**: Rechtswidrig ist die Zueignung dann, wenn sie der materiellen Eigentumsordnung widerspricht und der Täter keinen Rechtsanspruch zur Zueignung hat.

6. TBM: Einsatz eines Raubmittels

- **Durch Anwendung von Gewalt gegen eine Person**: Gewalt ist jede körperliche Kraftentfaltung, durch die ein körperlich empfundener Zwang ausgeübt wird, um geleisteten oder erwarteten Widerstand zu überwinden.

  Beispiele: Gezielter Faustschlag, Schütteln des Opfers, Wegreißen von Gegenständen.

oder

- **Durch Drohung mit einer gegenwärtigen Gefahr für Leib oder Leben**: Hierunter versteht man das Inaussichtstellen einer nicht unerheblichen Verletzung der körperlichen Unversehrtheit/Tötung, die mit an Sicherheit grenzender Wahrscheinlichkeit in allernächster Zeit zu erwarten ist, falls nicht abwehrend eingegriffen wird.

  Beispiele: Die zum Schlag erhobene Hand, Vorhalten einer Pistole, Messer.

7. TBM: Finalzusammenhang

Die Gewalt oder die Drohung müssen eingesetzt werden, um die Wegnahme zu ermöglichen.

Folgendes Negativ-Beispiel soll verdeutlichen, wenn der Finalzusammenhang nicht vorliegt: Der C schlägt den F nieder, weil dieser ihm die Freundin ausgespannt hat. Als F am Boden liegt, entwendet C ihm die Brieftasche.

→ Der C begeht einen Diebstahl und eine Körperverletzung, aber keinen Raub! Die Wegnahme der Brieftasche geschieht eher zufällig, weil sich eine passende Gelegenheit ergibt.

1.3 Lösungsvorschlag

Der M könnte sich durch den Schlag auf den Oberkörper und das anschließende Wegreißen der Handtasche eines Raubes gem. § 249 I StGB strafbar gemacht haben.

1. Tatbestand

1. **TBM: Sache**

   Eine Sache ist i. S. d. § 90 BGB jeder körperliche Gegenstand, unabhängig von seinem Aggregatzustand. Die Handtasche ist zweifelsfrei ein körperlicher Gegenstand und somit eine Sache.

2. **TBM: Beweglich**

   Beweglich ist eine Sache, wenn diese tatsächlich fortgeschafft werden kann. Die Handtasche ist, wie die Tathandlung zeigt, transportabel und somit beweglich.

3. **TBM: Fremd**

   Fremd ist eine Sache, wenn sie nicht im Alleineigentum des Täters steht und nicht herrenlos ist. Es kann davon ausgegangen werden, da die ältere Dame die Handtasche über der Schulter trägt. Dies zeigt nach außen hin an, dass diese ihr auch gehört. Die Tasche ist somit weder herrenlos noch steht sie im Alleineigentum des M.

   Im Folgenden müsste der M die Handtasche weggenommen haben.

4. **TBM: Wegnahme**

   Die Wegnahme ist der Bruch fremden und die Begründung neuen Gewahrsams.

   4.1 Gewahrsam ist die vom Herrschaftswillen getragene tatsächliche Herrschaft über eine Sache. Die D trug die Handtasche über der Schulter direkt am Körper. Sie hatte somit die tatsächliche Sachherrschaft und auch jederzeit die Möglichkeit, nach Belieben auf die Handtasche und deren Inhalt zuzugreifen. Die M hatte somit den Gewahrsam über ihre Handtasche.

4.2 Bruch fremden Gewahrsams ist die Aufhebung der tatsächlichen Sachherrschaft ohne Zustimmung des bisherigen Gewahrsamsinhabers. Der M versuchte zunächst die Tasche zu entreißen und dies gelang ihm schließlich, nachdem er der D einen Schlag versetzte. Dadurch hob der M die bisherige Herrschaftsmöglichkeit der D offensichtlich gegen deren Willen auf. Der M brach somit den fremden Gewahrsam der D.

4.3 Neuer Gewahrsam ist begründet, wenn der Täter die Sachherrschaft derart erlangt hat, dass er sie ungehindert ausüben kann. Der M nahm die Tasche an sich und eilte mit der Tasche in den Händen in Richtung S-Bahn davon. Er kann somit ungehindert nach eigenem Willen über die Handtasche verfügen, da er die alleinige Herrschaftsmöglichkeit über die Tasche erlangt hat.

Er hat somit einen neuen Gewahrsam begründet und insgesamt die Handtasche der D weggenommen.

Des Weiteren muss der M in der Absicht gehandelt haben, sich die Sache rechtswidrig zuzueignen.

5. **TBM Absicht rechtswidriger Zueignung**

Die Zueignungsabsicht ist die Absicht des Täters, den Eigentümer einer Sache zu enteignen und die Sache sich selbst oder einem Dritten anzueignen.

5.1 Enteignungswille meint, dass der Täter zumindest billigend in Kauf nimmt, dass der Eigentümer auf Dauer von der Sache ausgeschlossen wird.

Durch die Flucht des M mit der Tasche in den S-Bahnbereich ist zu erkennen, dass der M die D auf Dauer von der Nutzung der Tasche ausschließen wollte und ihr die Tasche samt Inhalt auch nicht wieder zurückgeben wollte. Somit lag Enteignungswille bei dem M vor.

5.2 Aneignungsabsicht setzt voraus, dass sich der Täter zumindest vorübergehend an die Position des Eigentümers setzen will um die Sache beliebig, insbesondere wirtschaftlich zu nutzen.

Es kann davon ausgegangen werden, dass der M hauptsächlich den Inhalt der Tasche (Bargeld, Kreditkarten etc.) für sich selbst nutzen und somit die Tasche samt Inhalt seinem Vermögen einverleiben wollte. Dies gab er auch bei der Vernehmung den PVB gegenüber an. Er wollte die Tasche somit insbesondere wirtschaftlich nutzen, um seinen Lebensunterhalt mit Barmitteln zu finanzieren. Der M handelte somit in Aneignungsabsicht.

Insgesamt hatte der M somit Zugeignungsabsicht.

5.3 Rechtswidrig ist die Zueignung, wenn der Täter keinen Rechtsanspruch nach dem BGB hat und keine Einwilligung des Eigentümers vorliegt. Der M hatte zu keinem Zeitpunkt einen privatrechtlichen Rechtsanspruch an der Tasche. Zweifelsfrei ergibt sich aus dem Sachverhalt auch, dass die D als Eigentümerin nicht in die Zueignung einwilligte.

Somit war die Zueignung insgesamt rechtswidrig.

6. **TBM: Einsatz eines Raubmittels**

Gewalt ist jede körperliche Kraftentfaltung, durch die ein körperlich empfundener Zwang ausgeübt wird, um geleisteten oder erwarteten Widerstand zu überwinden. Der M versuchte zunächst der D die Handtasche von der Schulter zu reißen, da diese sich dagegen wehrte. Anschließend versetzte er der M einen aktiven Schlag gegen den Oberkörper, um den gegen die Wegnahme gerichteten Widerstand der D zu überwinden. Aufgrund des Schlags musste die D die Tasche loslassen, sodass der M sie wegnehmen konnte.

Der M wendete somit Gewalt als Raubmittel gegen die Person D an.

7. **TBM: Finalzusammenhang**

Die Gewaltanwendung in Form des heftigen Schlags wurde von dem M eingesetzt, um die Wegnahme der Handtasche zu ermöglichen. Es besteht somit Finalzusammenhang zwischen der Gewaltanwendung und der Wegnahme.

Somit handelte der M tatbestandsmäßig gem. § 249 I StGB.

2. Rechtswidrigkeit

Die Tatbestandsmäßigkeit indiziert die Rechtswidrigkeit. Rechtfertigungsgründe sind anhand des vorliegenden SV nicht erkennbar. Der M handelte somit rechtswidrig.

3. Schuld

Weiterhin müsste der M schuldhaft gehandelt haben, d. h. zumindest bedingt vorsätzlich.

Bedingt vorsätzlich handelt derjenige, der mit Wissen der Tatumstände handelt und den Erfolg zumindest billigend in Kauf nimmt.

Der M wusste, dass es sich bei der Tasche um eine für ihn fremde und bewegliche Sache handelt. Er wandte die Gewalt gegen die D an, um so die Wegnahme der Tasche zu ermöglichen. Sein Fluchtverhalten zeigt, dass er die Wegnahme wollte und die Gewaltanwendung dazu zumindest in Kauf nahm. Somit hat der M zumindest mit Vorsatz bzw. auch mit Absicht gehandelt.

Dem Sachverhalt gehen keine Schuldausschließungsgründe hervor. Der Täter M handelte somit schuldhaft und hat sich insgesamt des Raubes gem. § 249 I StGB strafbar gemacht.

2. Missbrauch von Ausweispapieren (§ 281 StGB)

Sachverhalt aus dem grenzpolizeilichen Aufgabenbereich:
BPOLI Flughafen Hamburg: Der in Deutschland studierende vietnamesische Staatsangehörige T ist der eineiige Zwilling von C und sieht diesem zum Verwechseln ähnlich. Er (der T) lässt auf dem Postweg seinem Bruder den für ihn ausgestellten vietnamesischen Reisepass mit der entsprechenden Aufenthaltserlaubnis zukommen. C legt bei

der Einreise dem BPOL-Beamten den Reisepass seines Bruders vor. Als der C bei der Kontrolle kein Deutsch und nur bruchstückhaft Englisch verstand, wurden die Beamten misstrauisch. Ihnen kam es unglaubwürdig vor, dass ein Student, welcher seit drei Semestern Germanistik in Deutschland studiert, kein Wort Deutsch spricht. Die Kontrolle des Passes ergab, dass dieser echt ist und nicht verfälscht wurde.

Aufgabe:
Würdigen Sie, ob sich der C durch sein Verhalten strafbar gemacht hat! Zu prüfen ist nur der Tatbestand.

Gesetzestext (Auszug)

§ 281 StGB (Missbrauch von Ausweispapieren)

(1) Wer ein Ausweispapier, das für einen anderen ausgestellt ist, zur Täuschung im Rechtsverkehr gebraucht, oder wer zur Täuschung im Rechtsverkehr einem anderen ein Ausweispapier überlässt, das nicht für diesen ausgestellt ist, wird mit Freiheitsstrafe bis zu einem Jahr oder mit Geldstrafe bestraft. Der Versuch ist strafbar.

(2) Einem Ausweispapier stehen Zeugnisse und andere Urkunden gleich, die im Verkehr als Ausweis verwendet werden.

1.1 Einordnung des Deliktes

Geschütztes Rechtsgut:	Sicherheit im Rechtsverkehr
Deliktscharakter:	Vergehen
Deliktsart:	Offizialdelikt
Versuch:	Versuch ist strafbar
Rechtsfolge:	Freiheitsstrafe bis zu einem Jahr oder mit Geldstrafe

1.2 TBM-Struktur (inkl. Definitionen[29])

Zu prüfende TBM im Überblick:

1. (echtes) Ausweispapier
2. Auf einen anderen ausgestellt
3. **Tathandlung**: Gebrauchen **oder** einem anderen überlassen
4. Zur Täuschung im Rechtsverkehr

1. TBM: (echtes) Ausweispapier

Ausweispapiere sind Urkunden, die von einer Behörde oder einer Stelle, die Aufgaben der öffentlichen Verwaltung wahrnimmt, ausgestellt wurden, um die Identität einer Person oder ihre persönlichen Verhältnisse zu beweisen.

2. TBM: Auf einen anderen ausgestellt

Kurze Feststellung am Sachverhalt, *wer der andere ist.*

3. TBM: Gebrauchen oder einem anderen überlassen

Gebraucht wird das Ausweispapier, wenn es dem zu Täuschenden zugänglich gemacht wird.

oder

Das Ausweispapier wird einem anderen überlassen, wenn die Verfügungsgewalt über das Ausweispapier übertragen wird.

4. TBM: Zur Täuschung im Rechtsverkehr

Täuschung im Rechtsverkehr liegt vor, wenn der Täter Absicht oder direkten Vorsatz hat, bei einem anderen einen Irrtum über die Identität des Ausweisenden zu erregen, um diesen zu einem rechtserheblichen Verhalten zu veranlassen.

---

29 Die Definitionen für den § 281 StGB sind entnommen aus: *Lerm/Lambiase*, Einsatzrecht kompakt – Definitionswissen für die Grundausbildung, Zwischenprüfung erfolgreich bestehen, erschienen im RICHARD BOORBERG VERLAG.

1.3 Lösungsvorschlag

Der C könnte sich durch die Vorlage des vietnamesischen Reisepasses seines Bruder T gem. § 281 I StGB (Missbrauch von Ausweispapieren) strafbar gemacht haben.

Tatbestand

1. **TBM: Echtes Ausweispapier**

   Ausweispapiere sind Urkunden, die von einer Behörde oder einer Stelle, die Aufgaben der öffentlichen Verwaltung wahrnimmt, ausgestellt wurden, um die Identität einer Person oder ihre persönlichen Verhältnisse zu beweisen. Der Reisepass ist von einer vietnamesischen Behörde ausgestellt, und er dient dazu die Identität des T nachzuweisen. Somit handelt es sich um einen Ausweis.

2. **TBM: Auf einen anderen ausgestellt**

   Der Reisepass ist laut Sachverhalt auf den T ausgestellt.

3. **TBM: Gebrauchen oder einem anderen überlassen**

   Gebraucht wird das Ausweispapier, wenn es dem zu Täuschenden zugänglich gemacht wird. Der C legt den Reisepass seines Bruders bei der Einreisekontrolle dem Beamten vor. Somit wird der Ausweis gebraucht.

4. **TBM: Zur Täuschung im Rechtsverkehr**

   Täuschung im Rechtsverkehr liegt vor, wenn der Täter Absicht oder direkten Vorsatz hat, bei einem anderen einen Irrtum über die Identität des Ausweisenden zu erregen, um diesen zu einem rechtserheblichen Verhalten zu veranlassen.

   Der C wollte über seine Identität täuschen und dadurch versuchen, unerlaubt nach Deutschland einzureisen. Die unerlaubte Einreise und auch ihr Versuch stellen Straftaten dar, somit ist der Irrtum rechtlich erheblich.

   Der Tatbestand ist erfüllt.

Erfolg hat drei Buchstaben: TUN
Johann Wolfgang von Goethe

Kapitel 3 – Waffenrecht

1. Prüfungsschema

In der Ausbildung des mittleren Polizeivollzugsdienstes in der BPOL hat sich für die Prüfung von waffenrechtlichen Sachverhalten folgendes Schema durchgesetzt:

W Ist das **Waffengesetz anwendbar**?
U Welche **Umgangsarte(n)** werden ausgeübt?
V Handelt es sich um einen **verbotenen** Gegenstand?
E Gilt der Grundsatz der **Erlaubnispflicht**?
A **Ausnahmen** von der Erlaubnispflicht?
Alter (§ 2 I WaffG)
Ausweispflicht (§ 38 WaffG)
KS Bewertung der konkreten **(Kontroll-)Situation**

Merkwort: **W-U-V-E-A-KS**

1.1 Anwendbarkeit des Waffengesetzes

Die Anwendbarkeit des WaffG liegt vor, wenn es sich um einen der nachfolgenden Gegenstände handelt:

- **Waffe** (§ 1 II WaffG)
- **Munition** i. S. d. WaffG
- Gegenstand gem. **§ 42a WaffG**

1.1.1 Waffe (§ 1 II WaffG)

In § 1 II WaffG findet sich eine abstrakte Beschreibung des Waffenbegriffs (Hervorhebungen im Gesetzesauszug durch die Verfasser).

> **§ 1 II WaffG (Gesetzesauszug)**
>
> (2) Waffen sind
>
> 1. Schusswaffen oder ihnen gleichgestellte Gegenstände und
> 2. tragbare Gegenstände,
>   a) die ihrem Wesen nach dazu bestimmt sind, die Angriffs- oder Abwehrfähigkeit von Menschen zu beseitigen oder herabzusetzen, insbesondere Hieb- und Stoßwaffen;
>   b) die, ohne dazu bestimmt zu sein, insbesondere wegen ihrer Beschaffenheit, Handhabung oder Wirkungsweise geeignet sind, die Angriffs- oder Abwehrfähigkeit von Menschen zu beseitigen oder herabzusetzen, und die in diesem Gesetz genannt sind. […]

Daraus ableitend bedeutet dies im Überblick:

Waffen			
Schusswaffen	*Den Schusswaffen gleichstellte Gegenstände*	*Tragbare Gegenstände*	
Auch: Wesentliche Teile von Schusswaffen		**Bestimmt**	**Nicht bestimmt, aber geeignet** Zur Beseitigung oder Herabsetzung der Angriffs- oder Abwehrfähigkeit von Menschen

Die Anlagen zum WaffG konkretisieren den Waffenbegriff.

Auch hier hat sich eine Merkregel herausgebildet:

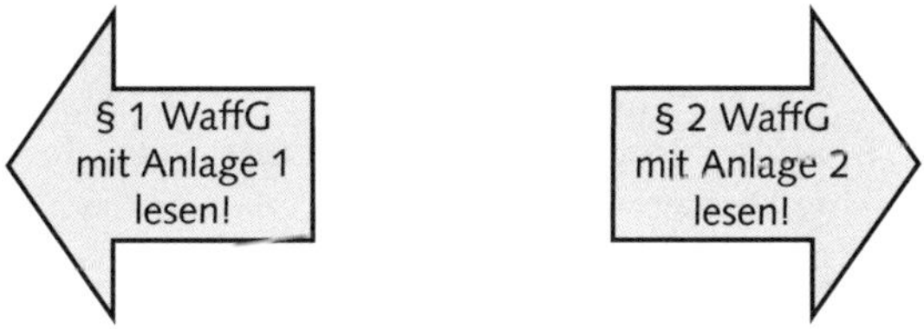

Für die Einstufung als Waffe finden weiterhin die entsprechenden Feststellungsbescheide des Bundeskriminalamtes (BKA) Anwendung (*Quelle:* www.bka.de, Themen A–Z, Buchstabe F).

Schusswaffen

Die Legaldefinition findet sind in der Anlage 1 (zu § 1 IV WaffG) und dort unter Punkt 1.1.

Schusswaffen sind demnach Gegenstände, die zum Angriff oder zur Verteidigung, zur Signalgebung, zur Jagd, zur Distanzinjektion, zur Markierung, zum Sport oder zum Spiel bestimmt sind, und bei denen Geschosse durch einen Lauf getrieben werden.

Laut der o. g. Definition fallen auch die sog. Kartoffelkanone oder das Blasrohr unter den Begriff der Schusswaffe.

Wesentliche Teile von Schusswaffen

Zu den wesentlichen Teilen einer Schusswaffe gehören Lauf oder Gaslauf, der Verschluss sowie das Patronen- oder Kartuschenlager, wenn diese nicht bereits Bestandteil des Laufes sind. Auch das Griffstück oder sonstige Waffenteile, die zur Aufnahme des Auslösemechanismus bestimmt sind, gelten bei Kurzwaffen als wesentliche Teile (siehe dazu auch Anlage 1 zu § 1 IV WaffG – Begriffsbestimmungen).

Den Schusswaffen gleichgestellte Gegenstände

Den Schusswaffen stehen tragbare Gegenstände gleich, die zum Abschießen von Munition für die vorgenannten Zwecke bestimmt sind oder bei denen bestimmungsgemäß feste Körper gezielt verschossen werden, deren Antriebsenergie durch Muskelkraft eingebracht und durch eine Sperrvorrichtung gespeichert werden kann (z. B. Armbrüste). Dies gilt nicht für feste Körper, die mit elastischen Geschossspitzen versehen sind (z. B. Saugnäpfe aus Gummi). Die Geschossspitze darf hierbei 0,16 J/cm² Bewegungsenergie nicht überschreiten.

Tragbare Gegenstände

Die Gegenstände sind tragbar, wenn diese von einer Person üblicherweise getragen und in der Hand gehalten werden können. Die sog. tragbaren Gegenstände werden in zwei Gruppen eingeteilt – abhängig von ihrem Bestimmungszweck. Es ist hilfreich, wenn Sie nun § 1 WaffG sowie die Anlage 1, Unterabschnitt 2 zum WaffG aufschlagen:

1. Gruppe: Tragbare Gegenstände nach § 1 II Nr. 2a WaffG	**2. Gruppe: Tragbare Gegenstände nach § 1 II Nr. 2b WaffG**
Definition: Gegenstände, die ihrem Wesen nach dazu bestimmt sind, die Angriffs- oder Abwehrfähigkeit von Menschen zu beseitigen oder herabzusetzen. *Merke*: Die Zweckbestimmung eines Gegenstandes richtet sind nach dem Herstellerzweck. Es spielt keine Rolle, zu welchem Zweck der Gegenstand mitgeführt wird.	*Definition*: Gegenstände, die, ohne dazu bestimmt zu sein, insbesondere wegen ihrer Beschaffenheit, Handhabung oder Wirkungsweise geeignet sind, die Angriffs- oder Abwehrfähigkeit von Menschen zu beseitigen oder herabzusetzen und in diesem Gesetz genannt sind.
Waffen im technischen Sinn → Diese sind stets vom WaffG erfasst!	**Waffen im nichttechnischen Sinn** → Diese sind nur dann Waffen i. S. d. WaffG, sofern sie ausdrücklich im Gesetz genannt sind!
Beispiele: (Anlage 1, Unterabschnitt 2, Punkt 1 zum WaffG): ■ Hieb- und Stoßwaffen (Säbel, Kampfmesser, Dolch, Totschläger, Schlagring) ■ Weitere Gegenstände, wie z. B. Elektroimpulsgeräte, Reizstoffsprühgeräte, Flammenwerfer, Molotow-Cocktails und Präzisionsschleudern	*Beispiele:* (Anlage 1, Unterabschnitt 2, Punkt 2 zum WaffG): ■ Springmesser ■ Fallmesser ■ Faustmesser ■ Butterflymesser

Exkurs zum Tierabwehrspray

Tierabwehrsprays fallen nicht unter das WaffG. Sie sind weder Waffe im technischen Sinn (da fehlende Zweckbestimmung) noch Waffen im nichttechnischen Sinn. Obwohl diese Geräte als Verteidigungsmittel gegen Menschen genutzt werden, zählen sie nicht als Waffe i. S. d. WaffG.

1.1.2 Munition i. S. d. WaffG

Munition (im Überblick)			
Patronenmunition	Kartuschenmunition	Hülsenlose Munition	Pyrotechnische Munition

Die relevanten Begriffsbestimmungen finden sich in der Anlage 1, Unterabschnitt 3 zum WaffG. Demnach ist Munition zum Verschießen aus Schusswaffen bestimmte

- **Patronenmunition** (Hülsen mit Ladungen, die ein Geschoss enthalten, und Geschosse mit Eigenantrieb),
- **Kartuschenmunition** (Hülsen mit Ladungen, die ein Geschoss nicht enthalten),
- **hülsenlose Munition** (Ladung mit oder ohne Geschoss, wobei die Treibladung eine den Innenabmessungen einer Schusswaffe oder eines Gegenstandes nach Unterabschnitt 1 Nr. 1.2 angepasste Form hat),
- **pyrotechnische Munition** (dies sind Gegenstände, die Geschosse mit explosionsgefährlichen Stoffen oder Stoffgemischen [pyrotechnische Sätze] enthalten, die Licht-, Schall-, Rauch-, Nebel-, Heiz-, Druck- oder Bewegungswirkungen erzeugen und keine zweckbestimmte Durchschlagskraft im Ziel entfalten).

  Hierzu gehört pyrotechnische Patronenmunition (Patronenmunition, bei der das Geschoss einen pyrotechnischen Satz enthält), unpatronierte pyrotechnische Munition (Geschosse, die einen pyrotechnischen Satz enthalten) sowie mit der Antriebsvorrichtung fest verbundene pyrotechnische Munition.

1.1.3 Gegenstand gem. § 42a WaffG

Im Jahr 2008 wurde der § 42a WaffG nachträglich eingefügt. Durch diesen Paragrafen wurde die Systematik des WaffG insoweit durchbrochen, als dass nun bestimmte Gegenstände den Bestimmungen des WaffG unterfallen, die nicht als Waffe gem. § 1 II WaffG bzw. als Munition/Geschosse einzustufen sind. Für die in § 42a WaffG genannten Gegenstände gilt ein grundsätzliches Führungsverbot. Im Rahmen des Sachverhaltes „Küchenmesser am Auswärtigen Amt“ wird der § 42a WaffG näher dargestellt.

1.2 Umgangsarten

Umgang mit Waffen und Munition:

- Erwerb
- Besitz
- Überlassen
- Führen
- Verbringen
- Mitnahme
- Schießen
- Herstellen
- Bearbeiten und Instandsetzen
- Handel

Die verschiedenen Umgangsarten sind in der Anlage 1, Abschnitt 2 zum WaffG definiert. Nehmen Sie – soweit noch nicht erfolgt – dort die entsprechenden Markierungen vor.

Definition Erwerb

Eine Waffe oder Munition erwerben bedeutet, die tatsächliche Gewalt darüber *erlangen*.

Definition Besitz

Eine Waffe oder Munition besitzen bedeutet, die tatsächliche Gewalt darüber *ausüben*.

Definition Überlassen

Eine Waffe oder Munition überlassen bedeutet, die tatsächliche Gewalt darüber einem anderen *einräumen*.

Definition Führen

Eine Waffe oder Munition führen bedeutet, die tatsächliche Gewalt darüber *außerhalb* der eigenen Wohnung, Geschäftsräume, des eigenen befriedeten Besitztums oder einer Schießstätte *auszuüben*.

Definition Verbringen

Eine Waffe oder Munition *verbringen* bedeutet, wer diese (Waffe oder Munition) *über die Grenze* zum dortigen Verbleib oder mit dem Ziel des Besitzwechsels in den, durch den oder aus dem Geltungsbereich des Gesetzes zu einer anderen Person oder zu sich selbst transportieren lässt oder selbst transportiert.

Definition Mitnahme

Eine Waffe oder Munition mitnehmen bedeutet, wer (diese Waffe oder Munition) vorübergehend auf einer Reise ohne Aufgabe des Besitzes zur Verwendung über die Grenze in den, durch den oder aus dem Geltungsbereich des Gesetzes bringt.

Definition Schießen

Damit schießen heißt, wer mit einer Schusswaffe Geschosse durch einen Lauf verschießt, Kartuschenmunition abschießt, mit Patronen- oder Kartuschenmunition Reiz- oder andere Wirkstoffe verschießt oder pyrotechnische Munition verschießt.

Definition Herstellen

Herstellen bedeutet, Herstellen von Munition, auch das gewerbsmäßige Wiederladen von Hülsen.

Definition Bearbeiten und Instandsetzen

Bearbeiten und Instandsetzen bedeutet, wenn eine Schusswaffe verkürzt, in der Schussfolge verändert oder so geändert wird, dass andere Munition oder Geschosse anderer Kaliber aus ihr verschossen werden können, oder wenn wesentliche Teile, zu deren Einpassung eine Nacharbeit erforderlich ist, ausgetauscht werden; eine Schusswaffe wird weder bearbeitet noch instandgesetzt, wenn lediglich geringfügige Änderungen, insbesondere am Schaft oder an der Zieleinrichtung, vorgenommen werden.

Definition Handel

Waffenhandel treibt, wer gewerbsmäßig oder selbstständig im Rahmen einer wirtschaftlichen Unternehmung Schusswaffen oder Munition ankauft, feilhält, Bestellungen entgegennimmt oder aufsucht, anderen überlässt oder den Erwerb, den Vertrieb oder das Überlassen vermittelt.

1.3 Verbotene Gegenstände

§ 2 II bis IV WaffG verweisen auf die **Anlage 2** zum WaffG (= Waffenliste). In der Anlage 2 wurden einzelne Waffen in spezielle Kategorien eingeteilt. Ziel dieser Kategorisierung ist es, dass jeder Bürger verhältnismäßig einfach feststellen kann, für welche Waffen

- der Umgang verboten ist (Abschnitt 1),
- ganz oder teilweise erlaubnispflichtig ist (Abschnitt 2, Unterabschnitte 1 und 2,
- die Erlaubniserteilung erleichtert ist (Abschnitt 2, Unterabschnitt 3),
- oder welche Waffen vom WaffG teilweise oder generell befreit sind (Abschnitt 3).

Folgende Kategorisierung lässt sich (mit Blick auf die Anlage 2) ableiten:

Waffen		
Verbotene Waffen	Ganz oder teilweise **erlaubnispflichtige Waffen** und erleichterte Erlaubniserteilung	Ganz oder teilweise vom WaffG **ausgenommene** Waffen
Zu finden in: Anlage 2, Abschnitt 1 zum WaffG	Zu finden in: Anlage 2, Abschnitt 2 Unterabschnitte 1, 2 und 3	Zu finden in: Anlage 2, Abschnitt 3

Zu den verbotenen Waffen

Die Regelungen zu den verbotenen Waffen ergeben sich aus § 40 WaffG i. V. m. der Anlage 2, Abschnitt 1 zum WaffG. Der Umgang mit diesen Waffen stellt eine Straftat gem. dem § 52 III Nr. 1 WaffG dar. Jeglicher Umgang mit diesen Waffen ist unter Strafe gestellt.

Gesetzestext (Auszug)

§ 52 WaffG (Strafvorschriften)

[...]

(3) Mit Freiheitsstrafe bis zu drei Jahren oder mit Geldstrafe wird bestraft, wer

1. entgegen § 2 Abs. 1 oder 3, jeweils in Verbindung mit Anlage 2 Abschnitt 1 Nr. 1.2.2 bis 1.2.5, 1.3.1 bis 1.3.3, 1.3.5 bis 1.3.8, 1.4.1 Satz 1, Nr. 1.4.2 bis 1.4.4 oder 1.5.3 bis 1.5.7, einen dort genannten Gegenstand erwirbt, besitzt, überlässt, führt, verbringt, mitnimmt, herstellt, bearbeitet, instand setzt oder damit Handel treibt, [...]

Beispiele zu den verbotenen Waffen 1.3.2 (z. B. Schlagringe, Totschläger)

Sog. Motorradschlagring[30]

Selbstgebauter Totschläger[31]

1.3.8 (z. B. Nun-Chakus)

Sog. Soft-Nunchakus[32]

---

30 Bild entnommen aus dem Feststellungsbescheid des Bundeskriminalamtes (BKA) vom 7. September 2006, veröffentlicht im Bundesanzeiger AT Nr. 174 vom 14. September 2006, https://www.bka.de/SharedDocs/Downloads/DE/UnsereAufgaben/Aufgabenbereiche/Waffen/Feststellungsbescheide/SonstigeWaffe/060907FbZ57Schlagringneu.html?nn=51296 (zuletzt abgerufen am 19. Mai 2020).

31 Bild entnommen aus dem Feststellungsbescheid des Bundeskriminalamtes (BKA) vom 30. August 2013, veröffentlicht im Bundesanzeiger AT am 14. November 2013, https://www.bka.de/SharedDocs/Downloads/DE/UnsereAufgaben/Aufgabenbereiche/Waffen/Feststellungsbescheide/SonstigeWaffe/130830FbZ252_Totschlaeger.html?nn=51296 (zuletzt abgerufen am 19. Mai 2020).

32 Bild entnommen aus dem Feststellungsbescheid des Bundeskriminalamtes (BKA) vom 5. Februar 2004, veröffentlicht im Bundesanzeiger AT Nr. 35 vom

1.4.3 Butterflymesser

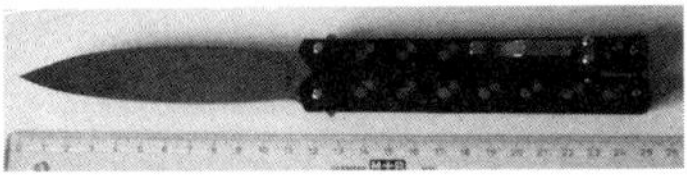

Sog. Cold Steel/Butterfly Paradox[33]

1.4 Erlaubnispflicht

Der Umgang, ausgenommen das Überlassen, mit Waffen im Sinne des § 1 II Nr. 1 (Anlage 1 Abschnitt 1 Unterabschnitt 1 Nr. 1 bis 4) und der dafür bestimmten Munition bedarf der Erlaubnis[34]. Das Gesetz formuliert an dieser Stelle eine **generelle Erlaubnispflicht** für den Umgang mit Waffen (Grundsatz).

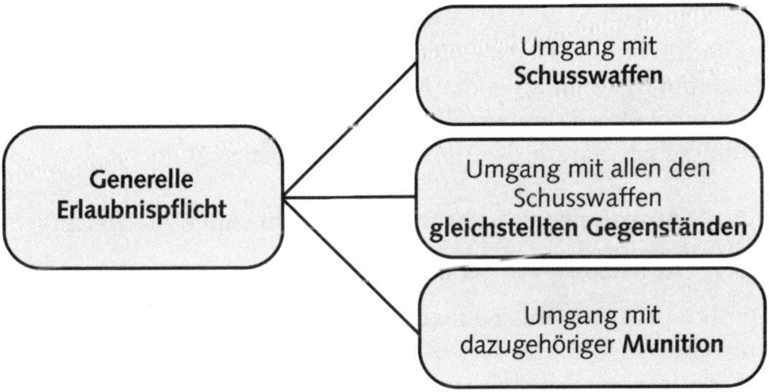

20. Februar 2004, https://www.bka.de/SharedDocs/Downloads/DE/UnsereAufgaben/Aufgabenbereiche/Waffen/Feststellungsbescheide/SonstigeWaffe/040205FbZ23SoftNunchakus.html?nn=51296 (zuletzt abgerufen am 19. Mai 2020).

33 Bild entnommen aus dem Feststellungsbescheid des Bundeskriminalamtes (BKA) vom 25. März 2015, veröffentlicht im Bundesanzeiger AT vom 3. Dezember 2015, https://www.bka.de/SharedDocs/Downloads/DE/UnsereAufgaben/Aufgabenbereiche/Waffen/Feststellungsbescheide/Messer/150325FbZ351_ButterflyParadox.html?nn=51278 (zuletzt abgerufen am 19. Mai 2020).

34 Einholung einer waffenbehördlichen Erlaubnis.

Folgende behördlichen Erlaubnisse sind erforderlich:

Umgangsart	Behördliche Erlaubnis
Erwerb/Besitz	Waffenbesitzkarte (WBK)
Führen	Waffenschein/Kleiner Waffenschein
Schießen	Schießerlaubnis
Verbringen	Verbringens-Erlaubnis
Mitnahme	Mitnahme-Erlaubnis

Von diesem Grundsatz sind allerdings gem. Anlage 2, Unterabschnitt 2 zum WaffG, Ausnahmen zugelassen (*Ausnahme* – erlaubnisfreie Arten des Umgangs). Demnach sind bestimmte Arten des Umgangs für dort bezeichnete Waffen und Munition **erlaubnisfrei**.

Weiterhin unterwirft der Gesetzgeber in Anlage 2, Unterabschnitt 3, bestimmte Waffen zwar der Erlaubnispflicht, erleichtert aber das Bewirken einer Erlaubnis durch den Wegfall einzelner Erlaubnisvoraussetzungen für den dort genannten Umgang.

1.5 Ausnahmen von der Erlaubnispflicht, Alter, Ausweispflicht

1.5.1 Ausnahmen von der Erlaubnispflicht

Die (vielfältigen) Ausnahmen von der Erlaubnispflicht knüpfen entweder an die technische Beschaffenheit der Waffe/Munition an oder sie ergeben sich aus der jeweiligen Personengruppe oder der Situation selbst.

Grundsatz der Erlaubnispflicht	
Gegenstandsbezogene Ausnahmen	**Personen- bzw. situationsbezogene Ausnahmen**
■ § 2 IV WaffG i. V. m. Anlage 2, Abschnitt 2, Unterabschnitt 2 (Erlaubnisfreie Arten des Umgangs) ■ § 2 IV WaffG i. V. m. Anlage 2, Abschnitt 3 (Vom Gesetz ganz oder teilweise ausgenommene Waffen)	■ § 12 WaffG (allgemein) ■ § 13 WaffG (Jäger) ■ § 32 III, V WaffG

Beispiele zu den gegenstandsbezogenen Ausnahmen:

- Der **Erwerb und der Besitz** von Schreckschuss-, Reizstoff-, und Signalwaffen (sog. **SRS-Waffen**) mit der Kennzeichnung PTB im Kreis ist **erlaubnisfrei** (Anlage 2, Abschnitt 2, Unterabschnitt 2, Punkt 1.3).

PTB im Kreis: Zulassungszeichen für bauartgeprüfte SRS-Waffen und Zusatzgeräte zum Verschießen pyrotechnischer Geschosse. Das Zeichen existiert seit 1969. PTB ist die Abkürzung für: Physikalisch-Technische Bundesanstalt. Dies ist eine wissenschaftlich-technische Bundesoberhörde im Geschäftsbereich des Bundesministeriums für Wirtschaft und Energie. (Quelle: Anlage II zur Beschussverordnung – BeschussV)

- Ebenso ist der **Erwerb und der Besitz** von Druckluft-, Federdruckwaffen und Waffen, bei denen zum Antrieb der Geschosse kalte Treibgase Verwendung finden, wenn den Geschossen eine Bewegungsenergie von nicht mehr als 7,5 Joule erteilt wird und das sog. **F im Fünfeck** tragen (Anlage 2, Abschnitt 2, Unterabschnitt 2, Punkt 1.1).

F im Fünfeck: Kennzeichen für Schusswaffen, deren Geschossen eine Bewegungsenergie von nicht mehr als 7,5 Joule erteilt wird. (Quelle: Anlage II zur BeschussV)

- Eine **Armbrust** darf erlaubnisfrei **geführt** werden (Anlage 2, Abschnitt 2, Unterabschnitt 2, Punkt 3.2).
- In Abschnitt 3, Unterabschnitt 1, genannt sind Unterwassersportgeräte, bei denen zum Antrieb der Geschosse keine Munition verwendet wird (**Harpunengeräte**). Der Umgang damit wird vom Alterserfordernis (§ 2 I WaffG – ab 18 Jahren) abhängig gemacht. Zum anderen hat die zuständige Waffenbehörde die Möglichkeit, den Erwerb und den Besitz im Einzelfall zu untersagen (§ 41 WaffG).

1.5.2 Alter

Der Umgang mit Waffen ist nur Personen gestattet, die das 18. Lebensjahr vollendet haben (§ 2 I WaffG). Ausnahmen hiervon sind in § 3 WaffG geregelt:

- **Alterserfordernis:** Grundsatz – 18 Jahre
- **Verstoß gegen das Alterserfordernis:** § 53 I Nr.1 WaffG (Ordnungswidrigkeit)

Gesetzestext (Auszug)

§ 3 WaffG (Umgang mit Waffen oder Munition durch Kinder und Jugendliche)

(1) Jugendliche dürfen im Rahmen eines Ausbildungs- oder Arbeitsverhältnisses abweichend von § 2 Abs. 1 unter Aufsicht eines weisungsbefugten Waffenberechtigten mit Waffen oder Munition umgehen.

(2) Jugendliche dürfen abweichend von § 2 Abs. 1 Umgang mit geprüften Reizstoffsprühgeräten haben.

(3) Die zuständige Behörde kann für Kinder und Jugendliche allgemein oder für den Einzelfall Ausnahmen von Alterserfordernissen zulassen, wenn besondere Gründe vorliegen und öffentliche Interessen nicht entgegenstehen.

Ausnahmen

§ 3 I WaffG:

Nach dieser Vorschrift dürfen Jugendliche im Rahmen eines **Ausbildung- oder Arbeitsverhältnisses** unter Aufsicht eines weisungsbefugten Waffenberechtigten mit Waffen oder Munition umgehen. Beispiele – Ausbildung im Waffenhandel, Polizeimeisteranwärterinnen und -anwärter, die unter 18 Jahre alt sind.

§ 3 II WaffG:

Ebenfalls von Relevanz ist die **Ausnahme für gekennzeichnete Reizstoffsprühgeräte**. Diese Vorschrift erlaubt Jugendlichen (14 bis 17 J.)

den Umgang mit geprüften Reizstoffsprühgeräten (RSG). Die RSG müssen das erforderliche Zulassungszeichen zur Unbedenklichkeit tragen, siehe nachfolgende Grafik:

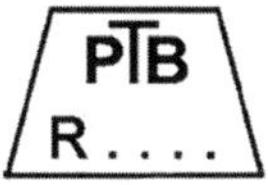

Sog. **PTB im Trapez**, Quelle: Anlage II zur BeschussV.

Die nach dem WaffG a. F. relevante Kennzeichnung (**BKA in der Raute**) steht dem aktuellen Prüfzeichen gleich, s. § 22 II Beschussgesetz.

1.5.3 Ausweispflicht

Sofern eine Waffe geführt wird, muss die Person den Personalausweis oder Pass mit sich führen, s. § 38 Nr.1 WaffG. Ein Verstoß gegen die Ausweispflicht kann als Ordnungswidrigkeit gem. § 53 I Nr. 30 WaffG geahndet werden.

1.6 Bewertung der Kontrollsituation

Die abschließende waffenrechtliche Beurteilung setzt eine Betrachtung der jeweiligen konkreten Situation voraus. Zum einen könnte die Person durch ihr Verhalten eine Straftat oder Ordnungswidrigkeit begangen haben. Dann müsste bei diesem Prüfungspunkt diese exakt benannt werden.

Des Weiteren ist es möglich, dass das Führen des ein und desselben Gegenstandes in unterschiedlichen Situationen auch unterschiedlich bewertet wird. Dazu ein Beispiel:

Gegenstand	Umstände	Bewertung
RSG mit Prüfzeichen	Person ist mind. 14 Jahre alt	Waffenrechtlich in Ordnung
	Mitführen bei einer öffentlichen Veranstaltung	Verstoß gegen § 42 I WaffG
	Mitführen bei der Luftsicherheitskontrollstelle am Flughafen	Verstoß gegen § 11 I LuftSiG

2. Sachverhalte

2.1 Fall 1 – Baseballschläger am Bahnhof

Sachverhalt
BPOLI Hamburg – Sie beobachten als Streife folgende Situation: Eine männliche Person (P) schlägt am Bahnsteig (ohne erkennbaren Grund) mit der Faust gegen die Scheibe des Fahrplanaushanges. Dadurch entsteht an der Scheibe ein etwa 30 cm langer Riss. Der P entfernt sich anschließend vom Tatort. Sie können den P stellen. Er verhält sich Ihnen gegenüber kooperativ. Sie treffen alle erforderlichen repressiven Maßnahmen und stellen dabei fest, dass der P in seiner mitgeführten Sporttasche einen Baseballschläger mitführt. Auf Nachfrage gibt der P Ihnen gegenüber an, diesen regelmäßig mitzuführen, damit er sich gegen die gewaltbereiten Jugendgruppen im Ernstfall zur Wehr setzen kann.[35]

Aufgabe: Würdigen Sie den Sachverhalt aus waffenrechtlicher Sicht.

Lösungsvorschlag

- **Benennung des Gegenstandes**[36]

  Bei dem Gegenstand handelt es sich um einen Baseballschläger.[37]

- **W = Anwendbarkeit des WaffG**

  Der Baseballschläger ist zum einen keine Waffe im technischen Sinn gem. § 1 II Nr. 2a WaffG, da der Baseballschläger ein Sportgerät ist (Herstellerzweck). Zum anderen ist er auch keine

35 Sachverhalt entnommen aus: *Lerm/Lambiase*, Einsatzecht kompakt – Sachverhaltsbeurteilung leicht gemacht, Zwischenprüfung erfolgreich bestehen, 2. erweiterte Auflage 2020, erschienen im RICHARD BOORBERG VERLAG.

36 Diese Zwischenüberschriften sind kein zwingender Bestandteil der Lösung, sondern dienen der eigenen Struktur.

37 In den Prüfungen wird der zu prüfende Gegenstand meist nicht näher benannt, sondern es wird Ihnen meist nur ein Beispielbild gezeigt. Dann müssen Sie selber auf die korrekte Bezeichnung des Gegenstandes kommen.

Waffe im nichttechnischen Sinne gem. § 1 II Nr. 2b WaffG. Zwar ist er aufgrund seiner Beschaffenheit, Handhabung und Wirkungsweise dazu geeignet, die Angriffs- oder Abwehrfähigkeit eines Menschen herabzusetzen, jedoch sind die Gegenstände (Waffen im nichttechnischen Sinne) nur dann vom WaffG erfasst, wenn sie in diesem ausdrücklich genannt sind.

Der Baseballschläger findet sich nicht in § 1 IV i. V. m. Anl. 1 Abschnitt 1 Unterabschnitt 2 Nr. 2 WaffG wieder.

Ergebnis

Der Anwendungsbereich des WaffG ist nicht eröffnet. Somit scheidet auch ein Verstoß gegen waffenrechtliche Regelungen aus.

2.2 Fall 2 – Küchenmesser am Auswärtigen Amt

Sachverhalt:
BPOLI Auswärtiges Amt: Eine Objektschutzstreife der BPOL stellt in unmittelbarer Nähe zum Haupteingang des Auswärtigen Amtes eine 18-jährige Person fest. Dieser führt in einem (offen einsehbaren) Beutel ein Küchenmesser mit einer Klingenlänge von 14 cm mit sich. Die Person gibt der Streife gegenüber glaubhaft an, auf dem Weg von der Wohnung zu einer privaten Feierlichkeit zu sein. Er benötigt das Messer dort, um entsprechende Speisen vorzubereiten.

Aufgabe: Würdigen Sie den Sachverhalt aus waffenrechtlicher Sicht.

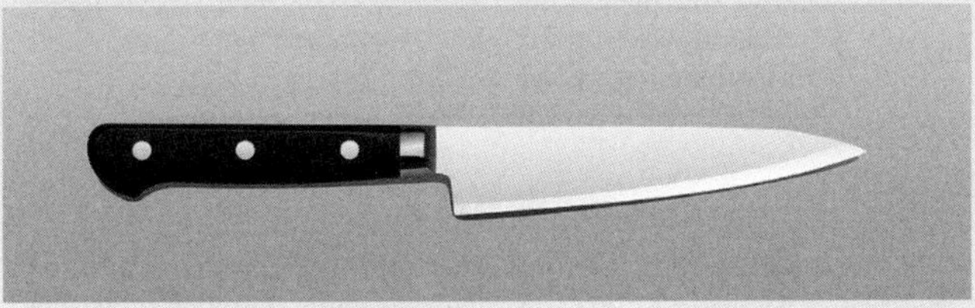

Bildquelle: www.pixabay.com (freie kommerzielle Nutzung)

Lösungsvorschlag

- **Benennung des Gegenstandes**[38]

  Bei dem Gegenstand handelt es sich um ein (handelsübliches) Küchenmesser.[39]

- **W = Anwendbarkeit des WaffG**

  Das Küchenmesser ist ein tragbarer Gegenstand der, ohne dazu bestimmt zu sein, aber insbesondere wegen seiner Beschaffenheit, Handhabung und Wirkungsweise geeignet ist, die Angriffs- oder Abwehrfähigkeit von Menschen zu beseitigen oder herabzusetzen.

  Jedoch handelt es sich nur dann um eine Waffe im nichttechnischen Sinne, wenn diese ausdrücklich im WaffG genannt ist. Das Küchenmesser findet sich *nicht* in § 1 IV i. V. m. Anl. 1 Abschnitt 1 Unterabschnitt 2 Nr. 2 WaffG wieder.

  Jedoch könnte hier ein Verstoß gegen § 42 a I WaffG vorliegen, indem er das Messer in seinem Beutel mit sich trägt.

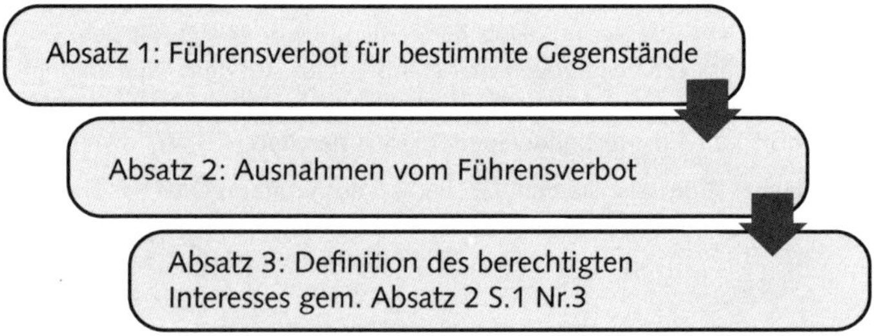

38 Diese Zwischenüberschriften sind kein zwingender Bestandteil der Lösung, sondern dienen der eigenen Struktur.

39 In den Prüfungen wird der zu prüfende Gegenstand meist nicht näher benannt, sondern es wird Ihnen meist nur ein Beispielbild gezeigt. Dann müssen Sie selber auf die korrekte Bezeichnung des Gegenstandes kommen.

Auszug (Gesetzestext)

§ 42a Verbot des Führens von Anscheinswaffen und bestimmten tragbaren Gegenständen

(1) Es ist verboten

1. Anscheinswaffen,
2. Hieb- und Stoßwaffen nach Anlage 1 Abschnitt 1 Unterabschnitt 2 Nr. 1.1 oder
3. Messer mit einhändig feststellbarer Klinge (Einhandmesser) oder feststehende Messer mit einer Klingenlänge über 12 cm zu führen.

(2) Absatz 1 gilt nicht

1. für die Verwendung bei Foto-, Film- oder Fernsehaufnahmen oder Theateraufführungen,
2. für den Transport in einem verschlossenen Behältnis,
3. für das Führen der Gegenstände nach Absatz 1 Nr. 2 und 3, sofern ein berechtigtes Interesse vorliegt. Weitergehende Regelungen bleiben unberührt.

(3) Ein berechtigtes Interesse nach Absatz 2 Satz 1 Nr. 3 liegt insbesondere vor, wenn das Führen der Gegenstände im Zusammenhang mit der Berufsausübung erfolgt, der Brauchtumspflege, dem Sport oder einem allgemein anerkannten Zweck dient.

Der § 42a WaffG ist schematisch wie folgt aufgebaut:

In Betracht kommt hier **§ 42 a I Nr. 3 WaffG**, da es sich um ein feststehendes Messer mit einer Klingenlänge von mehr als 12 cm handelt.

Führen: Gemäß § 1 II i. V. m. Anlage 1, Abschnitt 2, Nr. 4 WaffG definiert man Führen als die **Ausübung der tatsächlichen Gewalt** über den Gegenstand außerhalb der eigenen Wohnung oder Geschäftsräume, des eigenen befriedeten Besitztums oder einer Schießstätte.

Die Ausübung der tatsächlichen Gewalt liegt vor, wenn die Person die rein faktische Möglichkeit hat, nach eigenem Willen über den Gegenstand zu verfügen.

Die Person hat das Messer in ihrem offen einsehbaren und zugänglichen Beutel liegen. Sie kann jederzeit ohne nennenswerten Aufwand auf das Messer zugreifen und es verwenden. Die Person wird am Auswärtigen Amt festgestellt, also erkennbar außerhalb der eigenen Wohnung und der anderen genannten Örtlichkeiten.

Es besteht daher ein grundsätzliches Führensverbot gem. § 42a I WaffG.

Zu prüfen ist, ob sich die Person auf eine Ausnahme vom Führensverbot gem. § 42a II Nr. 2 und Nr. 3 WaffG stützen kann.

§ 42a II Nr. 2 WaffG = Transport in einem verschlossenen Behältnis

Transport bedeutet die Beförderung von einem Ort zum anderen. Die Person macht der Streife gegenüber deutlich, auf dem Weg zu einer privaten Feierlichkeit zu sein. Das Merkmal Transport liegt daher vor.

Der mitgeführte Beutel ist auch ein **Behältnis**. Dieser ist jedoch **nicht als verschlossen** zu werten, da er offen (einsehbar) ist. Eine Ausnahme nach § 42a II Nr. 2 WaffG liegt daher nicht vor.

§ 42a II Nr. 3 WaffG = Berechtigtes Interesse

Das Küchenmesser ist ein Gegenstand gem. § 42a I Nr. 3 WaffG. Ein berechtigtes Interesse nach Absatz 2 Satz 1 Nr. 3 liegt insbesondere vor, wenn das Führen der Gegenstände im Zusammenhang mit der Berufsausübung erfolgt, der Brauchtumspflege, dem Sport oder einem allgemein anerkannten Zweck dient.

Die Person transportiert das Messer zur privaten Feierlichkeit, um es dann für die Zubereitung von Speisen zu verwenden. Dieser Anlass kann als allgemein anerkannter Umgang gewertet werden. Ein berechtigtes Interesse liegt daher vor und damit auch eine Ausnahme vom Führensverbot.

Ergebnis

Es liegt insgesamt kein waffenrechtlicher Verstoß vor.

2.3 Fall 3 – Faustmesser am Flughafen

Sachverhalt

<u>BPOLI Flughafen Hamburg:</u> Bei der Luftsicherheitskontrollstelle des Fluges nach München finden die dort eingesetzten Luftsicherheitsassistenten bei einem 29-jährigen deutschen Fluggast (D) in dessen Rucksack ein Faustmesser. Der zuständige Luftsicherheitsassistent kommt mit dem Gegenstand auf Sie zu.

Aufgabe: Würdigen Sie den Sachverhalt aus waffenrechtlicher Sicht.

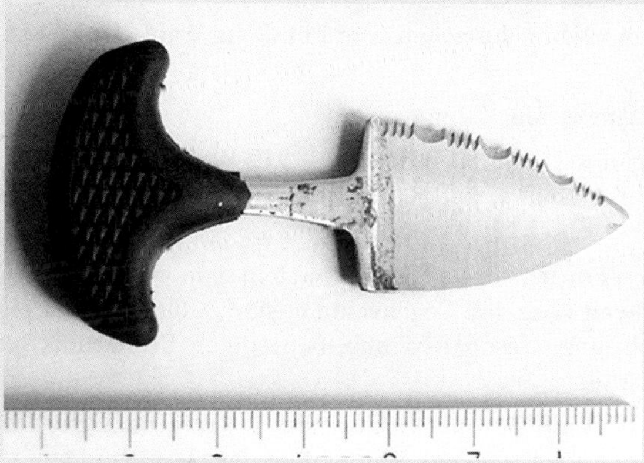

Beispielbild[40] Faustmesser

40 Bild entnommen aus dem Feststellungsbescheid des Bundeskriminalamtes (BKA) vom 7. Dezember 2007, veröffentlicht im Bundesanzeiger AT Nr. 235 vom 15. Dezember 2007, https://www.bka.de/SharedDocs/Downloads/DE/UnsereAufgaben/Aufgabenbereiche/Waffen/FeststellungsbescFests/Messer/071207FbZ111HibbenClaw_MiniFaustmesser.html?nn=51278 (zuletzt abgerufen am 12. Mai 2020).

Lösungsvorschlag

- **Benennung des Gegenstandes**[41]

  Bei dem Gegenstand handelt es sich um ein Faustmesser.[42]

- **W = Anwendbarkeit des WaffG**

  Das Faustmesser ist gem. § 1 II Nr. 2 b WaffG i. V. m. Anlage 1 Abschnitt 1 UA 2 Nr. 2.1.3 ein tragbarer Gegenstand der, ohne dazu bestimmt zu sein, aber insbesondere wegen seiner Beschaffenheit und Handhabung oder Wirkungsweise geeignet ist, die Angriffs- oder Abwehrfähigkeit von Menschen zu beseitigen oder herabzusetzen. Weiterhin ist das Faustmesser wie obenstehend im Gesetz genannt.

  Somit handelt es sich um eine Waffe i. S. d. Waffengesetzes (**Waffe im nichttechnischen Sinn**) und das WaffG ist anwendbar.

- **U = Umgangsarten**

  Als Umgangsart kommt hier gem. § 1 III WaffG i. V. m. Anlage 1 Abschnitt 2 Nr. 2 und 4 der Besitz und das Führen in Betracht.

  Definition Führen: Unter Führen versteht man, wer die tatsächliche Gewalt über den Gegenstand ausübt, außerhalb der eigenen Wohnung, Geschäftsräume, befriedeten Besitztums oder Schießstätte.

  Die tatsächliche Gewalt übt aus, wer die rein faktische Möglichkeit hat, nach eigenem Willen über den Gegenstand zu verfügen.

---

41 Diese Zwischenüberschriften sind kein zwingender Bestandteil der Lösung, sondern dienen der eigenen Struktur.

42 In den Prüfungen wird der zu prüfende Gegenstand meist nicht näher benannt, sondern es wird Ihnen meist nur ein Beispielbild gezeigt. Dann müssen Sie selber auf die korrekte Bezeichnung des Gegenstandes kommen.

Die Person befindet sich am Bahnhof in Hamburg, somit außerhalb der oben aufgeführten Örtlichkeiten. Des Weiteren befindet sich der Gegenstand in dessen Rucksack. Auf diesen kann die Person jederzeit und ohne großen Aufwand zugreifen und den vorhandenen Reißverschluss öffnen, um das Faustmesser hervorzuholen. Somit übt die Person die tatsächliche Gewalt über das Faustmesser aus und führt dieses i. S. d. § 1 III WaffG i. V. m. Anlage 1 Ab. 2 Nr. 4.

Da das Führen den Besitz impliziert, besitzt die Person auch das Faustmesser i. S. d. § 1 III WaffG i. V. m. Anlage 1 Abs. 2 Nr. 2.

Somit liegt insgesamt ein Umgang mit dem Faustmesser gem. § 1 III WaffG vor.

- **V = Verbotener Gegenstand**

  Gem. § 2 III WaffG i. V. m. Anlage 2 Ab. 1 Nr. 1.4.2 handelt es sich bei dem Faustmesser um einen verbotenen Gegenstand und somit ist jeglicher Umgang damit verboten.

- **KS = Bewertung der Kontrollsituation**

  Der Umgang mit verbotenen Waffen stellt gem. § 52 III Nr. 1 WaffG eine Straftat dar. Die Person macht sich somit tatbestandsmäßig strafbar.

2.4 Fall 4 – Wurfstern im Grenzgebiet

Sachverhalt:
BPOLI Forst – Bei einer verdachtsunabhängigen Kontrolle im 30 km-Bereich stellen Sie den Fahrer eines Autos mit deutschem Kennzeichen fest, der (zunächst) keine Ausweisdokumente bei sich führt. Später kann die Person als Deutscher mit Wohnsitz in Berlin identifiziert werden. In der Beifahrertür seines Wagens finden Sie einen Wurfstern mit ausklappbaren Klingen. Auf den Gegenstand angesprochen, verweigert der Fahrer die Aussage.

Aufgabe: Würdigen Sie den Sachverhalt aus waffenrechtlicher Sicht.

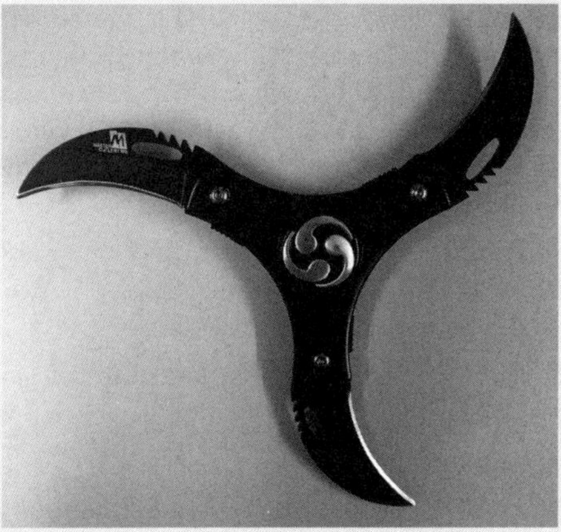

Beispielbild Wurfstern[43]

Lösungsvorschlag

- **Benennung des Gegenstandes**[44]

  Bei dem Gegenstand handelt es sich um einen Wurfstern.

- **W = Anwendbarkeit des WaffG**

  Der Wurfstern ist gem. § 1 II Nr. 2a WaffG i. V. m. Anlage 1, Abschnitt 1, Unterabschnitt 2, Nr. 1.1 ein tragbarer Gegenstand, der seinem Wesen nach dazu bestimmt ist, die Angriffs- oder

43 Bild entnommen aus dem Feststellungsbescheid des Bundeskriminalamtes (BKA) vom 19. Juli 2006, veröffentlicht im Bundesanzeiger AT Nr. 140 vom 28. Juli 2006, https://www.bka.de/SharedDocs/Downloads/DE/UnsereAufgaben/Aufgabenbereiche/Waffen/Feststellungsbescheide/Messer/060719FbZ62SternfoermigeKlappmesserneu.html (zuletzt abgerufen am 12. Mai 2020).

44 Diese Zwischenüberschriften sind kein zwingender Bestandteil der Lösung, sondern dienen der eigenen Struktur.

Abwehrfähigkeit von Menschen zu beseitigen oder herabzusetzen, insbesondere Hieb- und Stoßwaffen. Der Wurfstern ist eine Hieb- und Stoßwaffe.

Es handelt sich demnach um eine Waffe i. S. d. § 1 II Nr. 2a WaffG und das WaffG ist anwendbar.

- **U = Umgangsarten**

Als Umgangsart kommen hier das „Führen" gem. § 1 III WaffG i. V. m. Anlage 1, Abschnitt 2, Nr. 4 sowie der „Besitz" nach Nr. 2 in Betracht.

Eine Waffe führt, wer die **tatsächliche Gewalt** über den Gegenstand außerhalb der eigenen Wohnung, Geschäftsräume, des eigenen befriedeten Besitztums oder einer Schießstätte ausübt.

Die tatsächliche Gewalt übt aus, wer die rein faktische Möglichkeit hat, nach eigenem Willen über den Gegenstand zu verfügen.

X wird im Rahmen einer Kontrolle im 30 km-Bereich als Fahrer eines Autos festgestellt. Hierbei handelt es sich unstrittig um einen öffentlichen Ort. Der Wurfstern befindet sich in der Beifahrertür seines Wagens. Somit kann er ohne großen Aufwand und ohne Zeitverzug unmittelbar darauf zugreifen.

Er übt somit die tatsächliche Gewalt aus und der Wurfstern wird durch X geführt.

Da X die tatsächliche Gewalt über den Wurfstern ausübt, besitzt er ihn folglich auch.

Oder: Das Führen impliziert den Besitz. Somit besitzt X den Wurfstern auch.

Somit hat X Umgang mit der Waffe gem. § 1 III i. V. m. Anlage 1, Abschnitt 2, Nr. 4 und 2 WaffG.

- **V = Verbotener Gegenstand**

Gem. § 2 III WaffG ist der Umgang mit Waffen und Munition verboten, sofern diese in Anlage 2, Abschnitt 1 genannt sind.

Der Wurfstern ist in Anlage 2, Abschnitt 1, Nr. 1.3.3 genannt. Somit ist jeglicher Umgang mit dem Wurfstern verboten.

- **KS = Bewertung der Kontrollsituation**

X hat damit den Tatbestand einer Straftat gem. § 52 III Nr. 1 WaffG erfüllt.

Der Erfolg kommt nicht über Nacht. Es reicht,
wenn du jeden Tag ein wenig besser wirst als am Tag davor.
Das alles summiert sich.

Dwayne Johnson

Kapitel 4 – Versammlungsrecht

Straftat gemäß § 27 I VersG

Sachverhalt:

Unterstützungseinsatz der Landespolizei Hamburg: Im Rahmen der sogenannten „Hygiene-Demos" sind Sie zur Unterstützung der Polizei der Freien und Hansestadt Hamburg eingesetzt. Im Laufe des Vormittags haben sich bereits ca. 1000 Personen zusammengefunden und protestieren gegen die Pflicht zum Tragen einer Mund-Nase-Bedeckung in den öffentlichen Verkehrsmitteln. Auf dem Weg zur Demonstration stellen Sie bei einer männlichen Person im Rahmen einer Kontrolle den unten bildlich dargestellten Gegenstand in der Hosentasche fest.[45]

Aufgabe: Würdigen Sie den Sachverhalt aus versammlungsrechtlicher Sicht. Zu prüfen ist nur der Tatbestand. Eine etwaige Waffeneigenschaft des Gegenstandes kann unterstellt werden.

45 Das Bild wurde aus dem Feststellungsbescheid BKA S011- 5104.01-Z334 entnommen. Zur Vereinfachung der Prüfung kann hier durch den Bearbeiter angenommen werden, dass es sich bei dem Schlagring um eine Waffe i. S. d. § § 1 II Nr. 2a WaffG i. V. m. Anlage. 2 zu § 2 II-IV WaffG, Abschn. 1 Nr. 1.3.2 handelt.

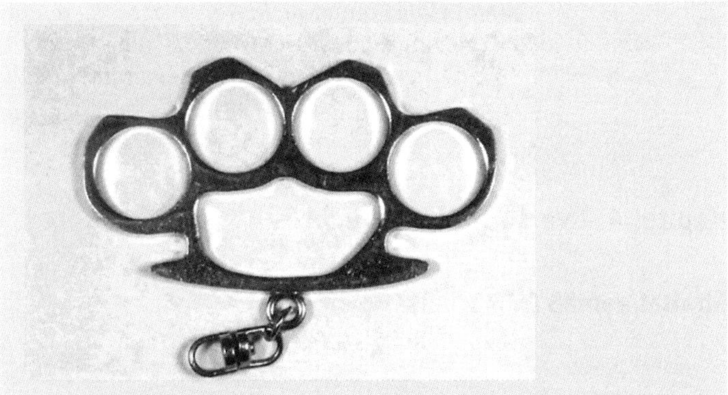

Beispielbild Schlagring

Gesetzestext (Auszug)

§ 2 VersammlG

[...]

(3) Niemand darf bei öffentlichen Versammlungen oder Aufzügen Waffen oder sonstige Gegenstände, die ihrer Art nach zur Verletzung von Personen oder zur Beschädigung von Sachen geeignet und bestimmt sind, mit sich führen, ohne dazu behördlich ermächtigt zu sein. Ebenso ist es verboten, ohne behördliche Ermächtigung Waffen oder die in Satz 1 genannten Gegenstände auf dem Weg zu öffentlichen Versammlungen oder Aufzügen mit sich zu führen, zu derartigen Veranstaltungen hinzuschaffen oder sie zur Verwendung bei derartigen Veranstaltungen bereitzuhalten oder zu verteilen.

§ 27 VersammlG

(1) Wer bei öffentlichen Versammlungen oder Aufzügen Waffen oder sonstige Gegenstände, die ihrer Art nach zur Verletzung von Personen oder Beschädigung von Sachen geeignet und bestimmt sind, mit sich führt, ohne dazu behördlich ermächtigt zu sein, wird mit Freiheitsstrafe bis zu einem Jahr oder mit Geldstrafe bestraft. Ebenso wird bestraft,

> wer ohne behördliche Ermächtigung Waffen oder sonstige Gegenstände im Sinne des Satzes 1 auf dem Weg zu öffentlichen Versammlungen oder Aufzügen mit sich führt, zu derartigen Veranstaltungen hinschafft oder sie zur Verwendung bei derartigen Veranstaltungen bereithält oder verteilt.
>
> […]

Einordnung des Deliktes

Geschütztes Rechtsgut:	Versammlungs- und Meinungsfreiheit
Deliktscharakter:	Vergehen
Deliktsart:	Offizialdelikt
Versuch:	Nicht strafbar
Rechtsfolge:	Freiheitsstrafe bis zu einem Jahr oder mit Geldstrafe

TBM-Struktur (inkl. Definitionen)

Zu prüfende TBM im Überblick:

1. Öffentliche Versammlung oder Aufzüge
2. Waffe oder gefährliche Gegenstände
3. Mit sich führen/hinschaffen/verteilen/bereithalten
4. Keine behördliche Erlaubnis
5. Auf dem Weg dorthin

1. TBM: Öffentliche Versammlung oder Aufzüge

- **Öffentliche Versammlung**

  Definition: Eine Versammlung ist die Zusammenkunft mehrerer Menschen[46] an einem Ort zu einer gemeinsamen (politischen) Meinungskundgabe.[47] Weiterhin muss die Versammlung für jedermann frei zugänglich sein (öffentlich).

oder

- **Aufzug**

  Definition: eine sich fortbewegende Versammlung.

2. TBM: Waffe oder gefährliche Gegenstände

- **Waffe**

  Definition: Waffen sind alle technischen Waffen im Sinne des § 1 WaffG sowie jeder Gegenstand, der zur Verletzung von Personen oder zur Beschädigung von Sachen geeignet ist und zu diesem Zweck mitgeführt wird.

oder

- **(gefährliche) Gegenstände**

  Definition: Gegenstände, die ihrer Art nach zur Verletzung von Personen oder zur Beschädigung von Sachen geeignet und den Umständen nach dazu bestimmt sind.

3. TBM: Mit sich führen/hinschaffen/verteilen/bereithalten

- **Mit sich führen**

  Definition: Führen ist die Ausübung der tatsächlichen Gewalt über die Waffe oder den gefährlichen Gegenstand.

oder

---

46 Es müssen sich mindestens zwei Personen versammeln.

47 Auf die Form kommt es nicht an. Es kann sich hierbei um eine Demonstration, Diskussionsrunden, Mahnwachen oder Aufzüge handeln.

- **hinschaffen**

  Definition: Das Verbringen von Tatmitteln i. S. d. Vorschrift zu einer Versammlung.

oder

- **Verteilen**

  Definition: Die Übergabe eines Tatmittels i. S. d. Vorschrift. Auf den Ort der Übergabe kommt es dabei nicht an.

oder

- **Bereithalten**

  Definition: Die Möglichkeit, ein Tatmittel i. S. d. Vorschrift jederzeit an Dritte auszuhändigen.

4. TBM: Keine behördliche Erlaubnis

Definition: Die Person hat keine Erlaubnis der Versammlungsbehörde zum Tragen einer Waffe auf dem Weg zu, während oder auf dem Rückweg von einer Versammlung, oder die Person hat keine Erlaubnis zum Tragen einer Waffe aus beruflichen Gründen.

5. TBM: Auf dem Weg dorthin

Definition: (...) befindet sich jeder, der sich aus den Umständen erkennbar zielgerichtet auf den Ort der Veranstaltung oder Versammlung zu bewegt.

Lösungsvorschlag

Durch das Mitführen des Schlagrings könnte der Mann den Tatbestand einer strafbaren Handlung gem. § 2 III i. V. m. § 27 I VersG „Führungsverbot von Waffen oder gefährlichen Gegenständen“ erfüllt haben.

1. TBM: Öffentliche Versammlung

Gem. § 2 III i. V. m. § 27 I VersG ist es verboten, Waffen im technischem Sinn bei einer Versammlung oder auf dem Weg dorthin mit sich zu führen.

Eine Versammlung ist die Zusammenkunft mehrerer Menschen[48] an einem Ort zu einer gemeinsamen (politischen) Meinungskundgabe. Weiterhin muss die Versammlung für jedermann frei zugänglich sein (öffentlich). Es haben sich bereits 1000 Personen zusammengefunden und protestieren gegen eine Pflicht zum Tragen einer Mund-Nase-Maske in den öffentlichen Verkehrsmitteln. Dies stellt zweifelsfrei eine politische Meinungskundgabe[49] dar.

Somit liegt hier eine Versammlung i. S. d. Art. 8 GG vor.

2. TBM: Waffe oder (gefährliche) Gegenstände

Der Schlagring ist eine Waffe im Sinne des § 1 II Nr. 2 a WaffG und somit eine Waffe im technischen Sinn.[50]

3. TBM: Mit sich führen

Führen ist die Ausübung der tatsächlichen Gewalt über die Waffe. Der Schlagring befindet sich in der Hosentasche der Person. Diese hat somit jederzeit ohne großen Zeitverzug und Hindernis Zugriff auf den Schlagring.

Im Ergebnis wird der Schlagring also geführt.

4. TBM: Keine behördliche Erlaubnis

Die Person hat keine Erlaubnis der Versammlungsbehörde zum Tragen einer Waffe auf dem Weg zu, während oder auf dem Rückweg von einer Versammlung, oder die Person hat keine Erlaubnis zum Tragen einer Waffe aus beruflichen Gründen.

---

48 Es müssen sich mindestens zwei Personen versammeln.

49 Ob das Anliegen einer Versammlung sinnvoll ist oder nicht, ist für die Beurteilung, ob eine Versammlung vorliegt, unerheblich.

50 Gemäß Aufgabenstellung darf die Waffeneigenschaft des Gegenstandes angenommen werden.

Eine behördliche Genehmigung ist dem Sachverhalt nicht zu entnehmen, daher liegt auch keine behördliche Erlaubnis vor.

5. TBM: Auf dem Weg dorthin

Auf dem Weg zu einer Versammlung befindet sich jeder, der sich aus den Umständen erkennbar zielgerichtet auf den Ort der Veranstaltung oder Versammlung zubewegt. Laut Sachverhalt wird die Person auf dem Weg zur Versammlung kontrolliert und somit befindet sich die Person auf dem Weg zur Versammlung.

Somit hat die männliche Person den Tatbestand des § 27 I VersG erfüllt.

Ich messe den Erfolg nicht an meinen Siegen, sondern daran, ob ich jedes Jahr besser werde.

Tiger Woods

Kapitel 5 – Befugnisse

Beschlagnahme gemäß § 111 b ff. StPO

Sachverhalt aus dem grenzpolizeilichen Aufgabenbereich:

BPOLI Forst: Sie kontrollieren im zugewiesenen Grenzbereich eine Person. Diese händigt Ihnen einen slowakischen Reisepass aus. Nach genauer Inaugenscheinnahme stellen Sie fest, dass es sich um eine Totalfälschung handelt.

Denkbare Fallfrage in der Klausur (und auch in der Praxis!):

Welche **verfahrenssichernde** Maßnahme treffen Sie in Bezug auf den slowakischen Reisepass?

Diese Frage dürfte Ihnen aus der Grundausbildung bekannt vorkommen. In Betracht kommt hier die Beschlagnahme des Reisepasses gem. §§ 94 I, II, 98 StPO[51]. Mit **Verfahrenssicherung** ist die Verhinderung des Beweismittelverlustes für das **konkrete Strafverfahren** gemeint.

51 Weiterführend dazu: *Lerm/Lambiase*, Einsatzrecht kompakt – Definitionswissen für die Grundausbildung, Zwischenprüfung erfolgreich bestehen, 2. Auflage, S. 73 ff. sowie *Lerm/Lambiase*, Einsatzrecht kompakt – Sachverhaltsbeurteilung leicht gemacht, Zwischenprüfung erfolgreich bestehen, 2. Auflage, S. 54 ff., beide erschienen im RICHARD BOORBERG VERLAG.

Bei der verfahrenssichernden Beschlagnahme nach den §§ 94 I, II, 98 StPO bleiben die Eigentumsrechte unverändert, d. h. der relevante Gegenstand (hier der slowakische Reisepass) könnte theoretisch veräußert (z. B. verkauft, verschenkt) werden. Nach Erschöpfung der Beweiskraft geht der Besitz wieder an den rechtmäßigen Besitzer über.

Das Schaubild zeigt die Beschlagnahme des slowakischen Reisepasses. Hierbei wird deutlich, dass die Beschlagnahme gem. §§ 94 I, II, 98 StPO (lediglich) zur Sicherung des konkreten Strafverfahrens dient.

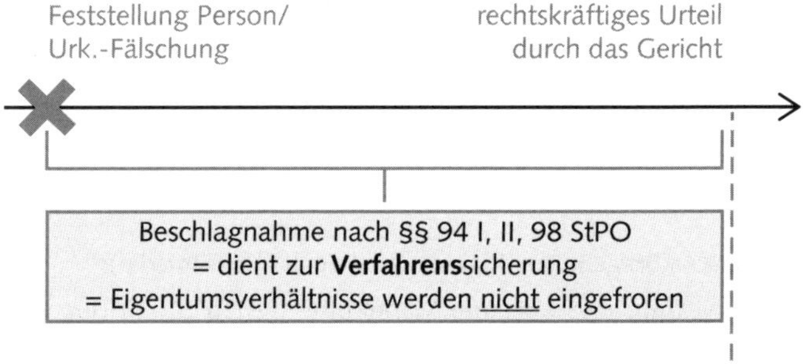

Die Lösung des Problems (Eigentumsverhältnisse) wird durch die **vollstreckungssichernde Beschlagnahme nach § 111 b StPO**[52] erreicht, siehe nachfolgendes Schaubild:

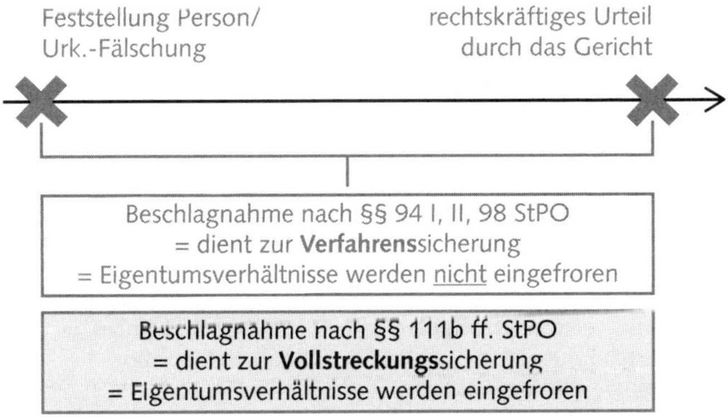

Das Ziel der vollstreckungssichernden Beschlagnahme nach § 111 b StPO ist, dass das Eigentum auf den Staat übergeht. **Also:** Der Täter bekommt die Sache nicht zurück.

52 Die Voraussetzungen der Norm einschließlich der Definitionen sind enthalten in: *Lerm/Lambiase*, Einsatzrecht kompakt – Definitionswissen für die Fachausbildung, Laufbahnprüfung erfolgreich bestehen, S. 94 ff., erschienen im RICHARD BOORBERG VERLAG.

Eine zusammenfassende Übersicht:

Beschlagnahme des Reisepasses	
Wiederholung 1. DJ Beschlagnahme: §§ 94 I, II, 98 StPO **Zielrichtung** zur **Verfahrenssicherung** = Verhinderung des Beweismittelverlustes für das konkrete Strafverfahren • Eigentumsrechte werden nicht veräußert, d. h. der Gegenstand kann z. B. veräußert (verkauft, verschenkt) werden • nach Erschöpfung der Beweiskraft geht der Besitz wieder an den rechtmäßigen Besitzer über	**2. DJ** Beschlagnahme: §§ 111 b ff. StPO **Zielrichtung** zur **Vollstreckungssicherung** = vorbereitende Sicherung der Einziehung bis zur Rechtskraft des Urteils über die Einziehung • Eigentumsrechte gehen an den Staat über • der beschlagnahmte Gegenstand unterliegt einem Veräußerungsverbot

Gesetzestext (Auszug)

§ 111 b StPO (Beschlagnahme zur Sicherung der Einziehung oder Unbrauchbarmachung)

(1) Ist die Annahme begründet, dass die Voraussetzungen der Einziehung oder Unbrauchbarmachung eines Gegenstandes vorliegen, so kann er zur Sicherung der Vollstreckung beschlagnahmt werden. Liegen dringende Gründe für diese Annahme vor, so soll die Beschlagnahme angeordnet werden. § 94 Absatz 3 bleibt unberührt.

(2) Die §§ 102 bis 110 gelten entsprechend.

Aus dem Absatz 1 des § 111 b StPO lässt sich ableiten:

- Eine vollstreckungssichernde Beschlagnahme **kann** erfolgen, wenn Gründe für die **Einziehung oder Unbrauchbarmachung** vorliegen.
- Eine vollstreckungssichernde Beschlagnahme **soll** erfolgen, wenn **dringende** Gründe für die **Einziehung oder Unbrauchbarmachung** vorliegen.

§ 111 b StPO steht in Verbindung mit folgenden Vorschriften des StGB:

§§ 73 ff. StGB = Einziehung von **Taterträgen**	§§ 74 ff. StGB = Einziehung von **Tatprodukten und Tatmitteln**	§§ 74 ff. StGB = Einziehung von **Tatobjekten** (§ 111b StPO i.V.m. Spezialvorschrift, z.B. § 282 StGB)

Zunächst erfolgt daher eine Darstellung der grundlegenden Begrifflichkeiten.

Grundlegende Begrifflichkeiten

Einziehung von Taterträgen, § 73 ff. StGB:

Die Einziehung von Taterträgen ist eine gesetzliche Möglichkeit, die insbesondere bei Deliktformen der Organisierten Kriminalität unerlaubt erworbenen Vermögenszuwächse und Tatgewinne abzuschöpfen bzw. einzuziehen.

Beispiele:

- Taterträge, die *durch* eine rechtswidrige Tat erlangt werden (z. B. Diebesbeute).
- Taterträge, die *für* eine rechtswidrige Tat erlangt werden (z. B. Entgelt, Schleuserlohn).

Einziehung von Tatprodukten und Tatmitteln, § 74 ff. StGB

Dies meint die Einziehung von bestimmten Gegenständen zum Schutz der Allgemeinheit.

Tatprodukte, § 74 I StGB	Tatmittel, § 74 I StGB
= Gegenstände, die durch eine vorsätzliche Straftat **hervorgebracht** wurden, also durch die Tat hergestellt wurden.	= Gegenstände, die **zur Begehung** oder Vorbereitung einer vorsätzlichen Straftat **gebraucht** wurden/bestimmt gewesen sind.
Beispiele: ▪ Gefälschte Urkunden ▪ Falschgeld ▪ Sonstige Produktfälschungen	*Beispiele:* ▪ Tatwaffen ▪ Tatwerkzeuge ▪ Transportmittel für eine Schleusung

Tatobjekte, § 74 II StGB (§ 111 b StPO i. V. m. Spezialvorschriften wie z. B. § 282 StGB)

= Gegenstände, die weder Tatprodukt noch Tatmittel sind. Erfasst ist der notwendige *Gegenstand der Tat selbst (sog. Beziehungsgegenstände oder tatnotwendige Mittel)*

Beispiele:

- Betäubungsmittel, die nach DEU eingeführt werden
- Verbotene Waffen nach dem WaffG
- Vorlage von gefälschten Urkunden

Die Einziehung solcher Tatobjekte ist *nur* möglich, wenn dies durch spezielle Vorschriften geregelt ist, z. B. § 282 StGB, § 33 BtMG, § 54 WaffG.

Prüfungssystematik und TBM-Struktur

Beschlagnahme von Tatprodukten (§ 111 b, j, k StPO i. V. m. § 74 I Alt. 1 StGB)

1. TBM: Art des Gegenstandes und Prüfung der Straftat

- Vorsätzliche Straftat (am Sachverhalt feststellen genügt in aller Regel)
- Definition Tatprodukt: Gegenstände, die durch eine vorsätzliche Straftat **hervorgebracht** wurden, also durch die Tat hergestellt wurden.

2. TBM: Zulässigkeit der Einziehung

Die Einziehung ist nur zulässig, wenn

- die Gegenstände gem. § 74 III StGB dem Täter oder Teilnehmer zum Zeitpunkt der Entscheidung gehören oder zustehen <u>und</u>
- gemäß § 74b I StGB nach ihrer Art und den Umständen die Allgemeinheit gefährden könnten (z. B. Gifte, gefälschte Urkunden) oder die Gefahr besteht, dass sie zur Begehung rechtswidriger Taten dienen können (z. B. spezielles Einbruchswerkzeug).

3. TBM: Anordnungskompetenz (§ 111 j StPO)

Zur Anordnung der Beschlagnahme gem. § 111 b, c StPO ist grundsätzlich der Richter zuständig. Bei Gefahr im Verzug steht dieses Recht der Staatsanwaltschaft und bei beweglichen Sachen auch ihren Ermittlungspersonen zu.

Sofern Gefahr im Verzug vorliegt, steht die Anordnungskompetenz bei beweglichen Sachen auch den Ermittlungspersonen der Staatsanwaltschaft zu. Bei den diesbezüglichen Definitionen können Sie auf das Wissen aus der Grundausbildung zurückgreifen (oder auch *Lerm/Lambiase*, Einsatzrecht kompakt – Definitionswissen für die Grundausbildung, Zwischenprüfung erfolgreich bestehen).

4. TBM: Durchführungskompetenz (§ 111 k I S. 3 StPO)

Es ist grundsätzlich die StA zuständig, bei beweglichen Sachen auch deren Ermittlungspersonen. Hinsichtlich der Definition/Subsumtion der Begriffe *bewegliche Sache* und *Ermittlungsperson* kann hier (aus klausurtaktischen Gründen) auf die Anordnungskompetenz verwiesen werden.

Beschlagnahme von Tatmitteln (§ 111 b, j, k StPO i. V. m. § 74 I Alt. 2 StGB)

1. TBM: Art des Gegenstandes und Prüfung der Straftat

- Vorsätzliche Straftat (am Sachverhalt feststellen genügt in aller Regel)
- Definition Tatmittel: Gegenstände, die **zur Begehung** oder Vorbereitung einer vorsätzlichen Straftat **gebrauch**t wurden/bestimmt gewesen sind.

2. TBM: Zulässigkeit der Einziehung

Die Einziehung ist nur zulässig, wenn

- die Gegenstände gem. § 74 III StGB dem Täter oder Teilnehmer zum Zeitpunkt der Entscheidung gehören oder zustehen und
- gemäß § 74b I StGB nach ihrer Art und den Umständen die Allgemeinheit gefährden könnten (z. B. Gifte, gefälschte Urkunden) oder die Gefahr besteht, dass sie zur Begehung rechtswidriger Taten dienen können (z. B. spezielles Einbruchswerkzeug).

3. TBM: Anordnungskompetenz (§ 111 j StPO)

Zur Anordnung der Beschlagnahme gem. § 111 b, c StPO ist grundsätzlich der Richter zuständig. Bei Gefahr im Verzug steht dieses Recht der Staatsanwaltschaft und bei beweglichen Sachen auch ihren Ermittlungspersonen zu.

Sofern Gefahr im Verzug vorliegt, steht die Anordnungskompetenz bei beweglichen Sachen auch den Ermittlungspersonen der

Staatsanwaltschaft zu. Bei den diesbezüglichen Definitionen können Sie auf das Wissen aus der Grundausbildung zurückgreifen (oder auch *Lerm/Lambiase*, Einsatzrecht kompakt – Definitionswissen für die Grundausbildung, Zwischenprüfung erfolgreich bestehen).

4. TBM: Durchführungskompetenz (§ 111 k I S. 3 StPO)

Es ist grundsätzlich die StA zuständig, bei beweglichen Sachen auch deren Ermittlungspersonen. Hinsichtlich der Definition/Subsumtion der Begriffe **bewegliche Sache** und **Ermittlungsperson** kann hier (aus klausurtaktischen Gründen) auf die Anordnungskompetenz verwiesen werden.

Beschlagnahme von Tatobjekten (§ 111 b, j, k StPO i. V. m. § 74 I StGB i. V. m. Spezialgesetz)

1. TBM: Art des Gegenstandes und Prüfung der Straftat

- Vorsätzliche Straftat (am Sachverhalt feststellen genügt in aller Regel), z. B. § 52 III Nr.1 WaffG.

Definition Tatobjekte: Gegenstände, die weder Tatprodukt noch Tatmittel sind. Erfasst ist der notwendige Gegenstand der Tat selbst (sog. Beziehungsgegenstände oder tatnotwendige Mittel).

2. TBM: Zulässigkeit der Einziehung

Die Einziehung ist nur zulässig, wenn

- die Gegenstände gem. § 74 III StGB dem Täter oder Teilnehmer zum Zeitpunkt der Entscheidung gehören oder zustehen und
- gemäß § 74b I StGB nach ihrer Art und den Umständen die Allgemeinheit gefährden könnten (z. B. Gifte, gefälschte Urkunden) oder die Gefahr besteht, dass sie zur Begehung rechtswidriger Taten dienen können (z. B. spezielles Einbruchswerkzeug)
- oder die Voraussetzungen gem. Spezialgesetz liegen vor (z. B. § 54 III WaffG i. V. m. § 74a StGB).

3. TBM: Anordnungskompetenz (§ 111 j StPO)

Zur Anordnung der Beschlagnahme gem. § 111 b, c StPO ist grundsätzlich der Richter zuständig. Bei Gefahr im Verzug steht dieses Recht der Staatsanwaltschaft und bei beweglichen Sachen auch ihren Ermittlungspersonen zu.

Sofern Gefahr im Verzug vorliegt, steht die Anordnungskompetenz bei beweglichen Sachen auch den Ermittlungspersonen der Staatsanwaltschaft zu. Bei den diesbezüglichen Definitionen können Sie auf das Wissen aus der Grundausbildung zurückgreifen (oder auch *Lerm/Lambiase*, Einsatzrecht kompakt – Definitionswissen für die Grundausbildung, Zwischenprüfung erfolgreich bestehen).

4. TBM: Durchführungskompetenz (§ 111 k I S. 3 StPO)

Es ist grundsätzlich die StA zuständig, bei beweglichen Sachen auch deren Ermittlungspersonen. Hinsichtlich der Definition/ Subsumtion der Begriffe *bewegliche Sache* und *Ermittlungsperson* kann hier (aus klausurtaktischen Gründen) auf die Anordnungskompetenz verwiesen werden.

Beschlagnahme von Taterträgen (§ 111 b, j , k StPO i. V. m. § 73 I StGB):

1. TBM: Vorliegen einer rechtswidrigen Tat[53]

Prüfung von Tatbestand und Rechtswidrigkeit der in Betracht kommenden Straftat.

2. TBM: Vorliegen von erlangten Taterträgen

Definition Taterträge: Hierunter versteht man jede Erhöhung des wirtschaftlichen Wertes eines Vermögens, welche dem Täter oder Teilnehmer zugeflossen ist, also den gesamten Vermögenszuwachs.

Entscheidendes **Kriterium** für die Annahme eines Vermögensvorteils ist der Vergleich zwischen der Vermögenslage der Tatbeteiligten vor und nach der Tat.

---

53 Meist muss diese nur am Sachverhalt festgestellt werden. Beachten Sie hierbei die Aufgabenstellung.

3. TBM: Anordnungskompetenz (§ 111 j StPO)

Zur Anordnung der Beschlagnahme gem. § 111 b, c StPO ist grundsätzlich der Richter zuständig. Bei Gefahr im Verzug steht dieses Recht der Staatsanwaltschaft und bei beweglichen Sachen auch ihren Ermittlungspersonen zu.

Sofern Gefahr im Verzug vorliegt, steht die Anordnungskompetenz bei beweglichen Sachen auch den Ermittlungspersonen der Staatsanwaltschaft zu. Bei den diesbezüglichen Definitionen können Sie auf das Wissen aus der Grundausbildung zurückgreifen (oder auch *Lerm/Lambiase*, Einsatzrecht kompakt – Definitionswissen für die Grundausbildung, Zwischenprüfung erfolgreich bestehen).

4. TBM: Durchführungskompetenz (§ 111 k I S. 3 StPO)

Es ist grundsätzlich die StA zuständig, bei beweglichen Sachen auch deren Ermittlungspersonen. Hinsichtlich der Definition/Subsumtion der Begriffe *bewegliche Sache* und *Ermittlungsperson* kann hier (aus klausurtaktischen Gründen) auf die Anordnungskompetenz verwiesen werden.

Ein Vergleich zwischen verfahrenssichernder und vollstreckungssichernder Beschlagnahme in Bezug auf Anordnungs- und Durchführungskompetenz:

	Verfahrenssichernde Beschlagnahme §§ 94 I, II, 98 StPO	**Vollstreckungssichernde Beschlagnahme §§ 111 b ff. StPO**
Anordnungs-kompetenz	**§ 98 I StPO** ■ **Grundsatz:** Richter ■ Ausnahme: bei Gefahr im Verzug, auch StA und ErmP der StA	**§ 111j I StPO** ■ **Grundsatz:** Richter ■ Ausnahme: bei Gefahr im Verzug, auch StA, **bei beweglichen** Sachen auch ErmP der StA
Durchführungs-kompetenz (Vollzug)	**§ 98 II S. 1 StPO** ■ „der Beamte" **= jeder PVB**	**§ 111k I StPO** ■ **Grundsatz:** StA ■ **bei beweglichen** Sachen auch ErmP der StA

Das Geheimnis des Erfolgs ist, anzufangen.

Mark Twain

Cleveres Konzept.

2021, 2. Auflage, 152 Seiten, € 14,80
Schnell informiert
ISBN 978-3-415-06967-1

BOORBERG

RICHARD BOORBERG VERLAG FAX 0711/7385-100 · 089/4361564
TEL 0711/7385-343 · 089/436000-20 BESTELLUNG@BOORBERG.DE

RA0121

WWW.BOORBERG.DE